JN256044

つまり、
「合理的配慮」って、
こういうこと?!

共に学ぶための実践事例集

インクルーシブ教育データバンク　編

現代書館

もくじ

はじめに

　「合理的配慮」の「合理的」も「配慮」も学校現場ではよく使われてきた言葉です。多忙な中、仕事を合理的に進めていくよう求められ、「配慮を要する児童」についての話し合いもされてきました。でも「合理的配慮」となると耳慣れない言葉です。「合理的配慮って何?」って思っている方も多くいるでしょう。詳しい説明は、本文の解説をご覧いただくことにして、まず、私たちがなぜ本書を発行しようと思ったのか、その経過をお話しさせていただきます。

　障害のある子どもに対して合理的配慮を提供することが公立学校に義務付けられた「障害者差別解消法」が 2013 年に成立すると、文部科学省(以下、文科省)は障害者差別解消法対応指針を策定し、「インクルーシブ教育システム構築事業」の一つとして、合理的配慮等に関わる実践事例を集め、国立特別支援教育総合研究所のウェブサイトにおいて検索できるように準備を始めました。文科省は、障害者権利条約の内容を捻じ曲げ「インクルーシブ教育システム」という言葉を使って、〈インクルーシブ教育=特別支援教育〉と考えていますから、合理的配慮についても、分けた場での特別支援との区別が曖昧なまま、現場に説明がされていました。
　私たちは、このことに大きな危機感をもちました。これまで多くの教員たちによって、同一空間・同一時間・同一教材の、共に学ぶ(インクルーシブ教育の)実践が行われてきたにもかかわらず、それらの実践は個々の教員、個々の学校での工夫や取組みに終わり、時代や場所を超えて共有しやすいようにデータ化され、蓄積されていませんでした。
　私たちは、このままでは、文科省の間違った解釈での合理的配慮が全国の学校現場に流布されてしまうと考え、これまでインクルーシブ教育を牽引してきた教員たちの実践を合理的配慮という視点で改めて整理し、実践の共有・継承と新たな広がりの場をつくっていこうと、2014 年 4 月に「インクルーシブ教育データバンク」(略称・インクルDB)を設立しました。
　因みに、文科省の略称も同じ、インクルDB(データベース)です。

　「どの子も分けない共生共学(インクルーシブ教育)の実践、合理的配慮の教育実践を集めています!」と呼びかけ、データ化のための統一記入シートを作成し、集まった実践記録を検討・編集していきました。時には各地の教育研究会に赴き、実践を聞き取り、討論を重ねていきました。長年共に学ぶ教育に取り組んできた地域の教員の中からは、「特別なことはやっていない。子どもの思いや居場所を大切にしてきただけ。それが、合理的配慮になるのですか?」と質問をされたことも度々あ

りました。

　本書に集められた実践に共通することは、教員が、すべての子どもの人権が保障される学級づくり、学校づくりを目指して取り組んでいることです。私たちは、差別をしない・させない、排除しないという人権教育において、障害に基づく差別・排除がないこと、そのために行った様々な工夫を合理的配慮だと考えています。そんな工夫の数々が、紹介されています。

　実践のまとめ方の特徴として、合理的配慮を行う根拠になった障害のある子どもの特徴を、障害の種類や程度でとらえる医学モデルではなく、共に学ぶために、何がその子にとって社会的障壁になっているのかを考え、そして、その障壁を取り除こうとして行った様々な取組み・工夫を合理的配慮として紹介しています。そのため、視覚障害のある子には点字・拡大図書、手で触れる教材、聴覚障害のある子には手話や要約筆記、発達障害があって音や光に敏感な子には……、といったその子の医学的な障害に焦点を当てた配慮や個別支援を施した事例は載っていません。

　むしろ、障害のある子個人に焦点を当てるのではなく、教員自身や周りの子どもたちの意識、関係の在り様、クラス・学校の雰囲気が変わるなかで、障害のある子も楽しく授業に参加できたり、様々な問題がなんとかなっていった事例がたくさん収録されています。読者のみなさんは、合理的配慮って、なんだ、そんなことだったのか、そう考えていけばいいのかと思われることでしょう。小学校から高校まで、各教科の授業・行事・学級づくり・学校の決まりを変える等、多岐にわたる 30 の実践が紹介されています。どうぞ、関心のあるものからご覧ください。

　2016 年 4 月、「障害者差別解消法」が施行されました。残念ながら、「合理的配慮」と称してその子の障害にのみ焦点を当てた特別な支援を特別の場所で行うという、合理的配慮ならぬ合理的排除がなされているということも耳にします。障害者権利条約の趣旨をよりよく理解していただくために、巻末資料に、国連の障害者権利委員会が出した、「インクルーシブ教育を受ける権利に関する一般的意見第 4 号（2016年）」の解説を掲載しました。日本の学校現場の意識の遅れを感じずにはいられません。だからこそ、本書の実践を多くの方々に読んでいただくことを願っています。

　2017 年 11 月

インクルーシブ教育データバンク事務局

各教科の授業のなかで

国語

実践・取組の内容	ひらがなの授業

校種	小学校
学年	1年生
実施時期	4〜6月
社会的障壁は何か 合理的配慮を行う根拠になった障害のある子どもの特徴	Aは知的な発達がゆっくりなため、早い授業の展開についていけず、ひらがなの読みや書きの授業に参加できない。

実践・取組の展開	(1) 通常の文字指導は、5月中旬には五十音が終了するように進める。しかし、Aも共に学ぶ授業では、1授業1文字のゆっくりとしたペースで進めることにした。さらに、表記された文字と具体物を結びつけるように指導すれば、Aにとってさらに理解しやすくなるのではないかと授業を企画した。 (2) 授業の前に「明日は○」と伝え、その文字の付くものを家から持ってくるようにクラス全体に伝えた。 　保護者会でこのような授業を行うことを伝え、子どもたちが文字に関係する物を学校に持ってくることになることを事前にお知らせした。また、授業の様子を学級通信等で伝えた。このことによって、保護者の関心も高くなり、「明日の文字は何」と夕食時の話題になる家庭もあったようである。 (3) 授業では、その日に習う字が名前に使われている子どもが最初に前に出てきて、みんなで、その子どもの名前を言うことから始めた。該当する文字を言う時に、担任がその子どもを抱えあげ、飛び上がるようにした。 (4) 次に、自宅から持ってきたものを「これは○○です」と前に出てきて一人ひとりが発表した。Aの発表では、言った言葉が聞き取れないこともあったが、実物があるため、クラスの皆に伝わった。 (5) 持ってきた物を使って「お話（文）」をつくった。このことで、文字→単語→文というつながりが自然とできた。このことは、今後書き言葉の習得につながっていく。 (6) 文字を書く練習プリントでは、Aに対しては、点線の文字なぞりの部分を多くして配布した。
合理的配慮 社会的障壁を解消するため＝障害がある子どもとない子どもが一緒に学び、育つために行った工夫	(1) 教育内容・方法の変更及び調整 　・1日1文字のペースで入門期の文字指導の授業計画をたてる。 　・その日に習う文字の付くものを家から持ってきて、発表する。音声言語では伝わらない場合でも、実物があることによって、子どもたちとのコミュニケーションになる。 　・自作の練習プリントを用意し、点線の文字なぞりの部分を多くつくる。

(2) 人的配置に関わる変更及び調整
　　・新たに配置された教職員はいない。
(3) 施設・設備に関わる変更及び調整
　　・新たに設置された施設・設備はない。

結果

(1) 障害のある子どもの変化、新たな「つながり」など
　　　Aの家族の協力もあり、授業毎に該当する物を持ってきて、嬉しそうに前に出てきて、発表をしていた。Aが「○○です」と言えない場合は、周りの子どもが説明をし、Aも納得して関わりをもっていた。
　　　Aの名前を使って、クラスメイトが文をつくるととてもうれしそうにしていた。Aは言葉で伝える代わりに、ジェスチャーを使って文をつくり、子どもたちに発表することもあった。
　　　点線のなぞり書きの部分を多くすることによって、Aは集中することができ作業の時間が長くなった。このことで、達成感をもてたと思われる。
(2) 周りの子どもの変化、新たな「つながり」など
　　　Aを中心にして考えた授業だったが、クラス全体の文字の理解が深められた。この実践を日教組全国教研で報告したが、共同研究者の篠原睦治氏は、この授業に対して、『日本の教育40集』の中で、「1文字1時間のていねいな授業は、一見、A君に合わせているようで、じつは他の子どもたちにこそ開かれている。想像と創造が展開するのんびりとした時・空間といえよう。だからこそ、A君も巻き込まれていく」というコメントを書いている。
　　　点線なぞりは、A以外にも、必要に応じて行うようにした。五十音の後半になると、名詞だけではなく、動詞や副詞等の抽象的な言葉も発表するようになり、言葉の理解が深まった。
(3) その他（波及効果など）
　　　他の年度でも、1年生を担任した時にはこの実践を続けている。障害の状況は異なるが、どの子も授業への参加意識をもつことができた。また、隣のクラスでもこの実践を始めた。

実践、取組を振り返って 課題、感想など

・ひらがなに関連する物が多く集まると、時間がかかり、子どもたちは集中する反面、1時間では終わらなくなることがあった。
・授業パターンがはっきりして見通しをもって授業に参加できるが、後半はマンネリ化もしてくるので、工夫が必要になった。
・教科書との整合性を明確にすることや、他のクラスとの進度調整が必要になる。
・市販プリントを使用しないので、自作プリントを作り、印刷する時間の確保が必要になる。

実物を持ってくることで、誰でも、授業に参加できる。どうしたら一緒にできるかな？　って考えれば、様々なアイディアが出てくるはずだよね！

実践・取組の内容	詩の朗読会
校種	小学校
学年	1年生
実施時期	10月
社会的障壁は何か 合理的配慮を行う根拠になった障害のある子どもの特徴	脳性マヒの障害があるＡは、バギーにのって登下校し、校内ではヘッドギアを着けて歩行器で移動する。エンピツを持ったり、道具を操作することが困難。書字に困難がある。
クラス・集団の問題	開放的な性格のＡは、誰にでも声を掛け、関わり合いを求める。その屈託のない言動は友だちを惹きつけ、子どもたちは競ってＡのバギーを押し、休み時間になると運動場に飛び出していく。給食の介助も、トイレの介助も子どもたちが率先してやる。時には女子たちがトイレ介助をしたこともあった。放課後は毎日Ａの家に、入れ替わり立ち代わり子どもたちが集まってくる。外に連れ出して遊びに行ったり、やがてバギーを押した子どもたちの集団が、友だちの家に押しかけて行くことにもなっていった。 　学校への入り口である1年生の時期は大切だとつくづく感じる。入学時に「一緒」に過ごせば、みんなそれが「あたりまえ」に思い、受け入れるのだと痛感する。
実践・取組の展開	(1) 詩『チューインガムひとつ』を配り、読む。 (2) 教室でも、家でも、毎日20回も30回も読んで練習する。 　・強く、弱く、優しく、ゆっくり、間を開けて…など、工夫しながら。 　・友だちに届ける声で、大きなからだで 　・班で読み合う。一人で読む。みんなで読む。 (3) 班の者たちがＡといっしょに練習する。放課後は家に集まって練習。 (4) 詩の朗読会 　・担任は、特別に「詩のろうどく会」と大書した横幕を張り、マイクスタンドにマイクを立て、テープ録音と写真撮影することを告げる。いやがうえにも緊張する舞台仕立てをつくる。 　・全身が見えるように前に出て立ち、朗読する。 (5) Ａは「みんなと同じように、前に出て、立って読む」という。何の打ち合わせもしなかったが、同じ班の二人がすぐに立ち上がり、Ａといっしょに出る。一人が後ろからはがいじめにするように抱きかかえ、一人が椅子に座って本を持つというスタイルがまたたく間に出来上がった。 (6) 朗読が始まる。教室の隅々にまで届くしっかりした声で読み続ける。後で再生したテープを聞いて分かったのだが、最初二人はＡにだけ聞こえるような小さな声で先行して読んでいたが、Ａが自分で読める、読もうとしていることに気づいたのか、その声がピタッと止まってしまった。Ａは最後まで見事な朗読をして、大きな拍手が起こった。ちょっとしたやり取りにまで、友だちとのドラマが生まれている。

合理的配慮 社会的障壁を解消するため ＝障害がある子どもとない子 どもが一緒に学び、育つため に行った工夫	(1) 教育内容・方法の変更及び調整 　　朗読会の時、子どもたちがAの立位を支え、教科書を持ち、途中までAだけに聞こえる声で先行して朗読した。 (2) 人的配置に関わる変更及び調整 　　新たに配置された教職員はいない。 (3) 施設・設備に関わる変更及び調整 　　新たに設置された施設・設備はない。
結果	(1) 障害のある子どもの変化、新たな「つながり」など 　　Aはますます積極的になり、授業では何度も手を上げて発言し、話し合いにも参加する。友だちがそうしているのだから、自分も手を上げて、立ち上がるんだと言わんばかりに、全身をくねらせながら声を絞り出して発言する。クラス全体が授業でも学級活動でも活発になっていった。 (2) その他（波及効果など） 　　3学期、『ひとりぼっちのライオン』の授業で、第一次感想を書いた。それまでAがつづり方やノートに書くときは、担任が横に付いて話しながら、Aがしゃべったことを担任がそのまま書き写す方法と、エンピツを握った手に担任の手を添えて、話しながら一緒にエンピツを進めていく方法で取り組んできた。子どもたちがそのように介助することもある。 　　しかしこの時は、原稿用紙に頬を擦り付けるようにしてエンピツを動かし始めた。一字、二字、三字……と引っかくように書いて、ゆっくり頭を上げる。口が動く、目が動く、落っこちるように頭を降ろして、また一字、二字、三字……、ゆっくりゆっくりと書き付けていく。何度も繰り返して、とうとう「書けた」と声を上げてエンピツを置いた。全く自分だけで書いた初めてのつづり方が生まれた。Aの家庭では何と書いてあるのか、謎解きのような団欒があったそうだ。「らいおんさん　しかたちト　トもだちになレテよかったね」と。
実践、取組を振り返って **課題、感想など**	(1) 入学のときから「一緒に」過ごすことが、いかに大事なことかを改めて感じた。 (2) 話すことも書くことも一人だけではできない。話そうとしたときに周りの人たちが手遊びをしていたりそっぽを向いていたら、誰も発言しようとは思わない。自分の話を聞いてくれる友だちがいるから、その友だちに伝えたいと思うから、声に出して発言したり、文章を書いたりするのだと思う。それは、障害のある子どもでもない子どもでも変わらない。

国語

実践・取組の内容	文字を読むことが苦手な子どもと一緒に行う物語の授業

校種	小学校
学年	2年生
実施時期	12月
社会的障壁は何か 合理的配慮を行う根拠になった障害のある子どもの特徴	Aは、文字を読むことが困難であり、教科書に書かれている文書を「読み取る」学習の方法では理解しにくい。

クラス・集団の問題

　苦手な子どもが頑張ったことやできたことにたいして温かく受け止めている。授業中も休み時間も、クラスの仲間と一緒に楽しそうに過ごしている。

実践・取組の展開

　Aは、読み書きが苦手なため国語の時間は、文章読解の学習では参加することが困難であった。日常の学習や生活では、聞いたこと（音声情報）であればわかることが多いので、一緒に授業ができるように、学級担任が授業の展開の仕方を考えた。

　授業を行う前の準備段階では、クラスのみんなで声をそろえて教材文の音読を繰り返した。2週間くらい何度も読むことで、Aもある程度物語の内容を覚えることができた。

　授業では、教材文全体から10ほどの文を抜き書きし、順番を入れ替えて提示した。文を音読しながら短冊にした文章を黒板に提示し、児童と復唱した。個人個人の作業ではなく、クラス全体で学習を進めた。

　子どもたちは、既に物語の筋書きを理解しているので筋書きに合わせて、どの順番で10の文章が並んだら良いのかを考えはじめた。人物は、どの順番で登場したのか、誰と誰が話をしたのか、登場人物はどう変化していったのか、その時にどの言葉に着目して判断するのか等、ワイワイ話し合いながら作業をしていた。筋書きを確認する中で、最初に主人公は何を意図していたか、何が起きて次第に気持ちが変化したのか、そして最後に起こったことと、その時の主人公の気持ちを考えていた。

合理的配慮
社会的障壁を解消するため＝障害がある子どもとない子どもが一緒に学び、育つために行った工夫

(1) 教育内容・方法の変更及び調整
　　読みが苦手なAと一緒に読取りをするために、音声を中心に授業展開できるように工夫した。
【準備段階】
　○物語を音読する。
　○音読を、何度も繰り返して、物語の筋書きを理解する。
【授業】
　○物語から抜き出した10の文章の短冊をつくり、黒板にはる。

○ 短冊を音読して順番を入れ替えながら、物語の展開、登場人物の気持ち等について考え、物語を味わう。

(2) 人的配置に関わる変更及び調整

　　特にない

(3) 施設・設備に関わる変更及び調整

　　特にない

結果

(1) 障害のある子どもの変化、新たな「つながり」など

　　わかった時には楽しそうに手を挙げている場面があった。物語の流れがわかっていたので、自身でよく考えて学習に取り組むことができた。ただ、教えられる、お世話されるのではなく、Aがよく考えていることがわかったようで、他の児童は「そうそう」など温かく見ていた。

(2) 周りの子どもの変化、新たな「つながり」など

　　常に一緒に学んでいることで、Aが一生懸命に学んでいることやできるようになったことを我がことのように喜んでいた。

(3) その他（波及効果など）

　　他の教員がこの授業を見に来て、Aが読み書きに困難があることは知っていたが、そうであっても一緒に学習に参加していることに驚いていた。学習する上での困難があっても、少しの配慮によって共に学べる授業をつくることができることに他の教員も気がついていた。

実践、取組を振り返って 課題、感想など

　　クラスの中には様々な子どもがいる。いつも一緒に学んでいるからこそ、一方的なお世話する－されるの関係ではなく、仲間として一緒に過ごしている姿が見られた。共に学ぶ仲間だからこそ、成長を共に喜び、共感していると感じた。

こういう取組みを、中学校でもどんどんやってくれればいいのにね。

読むのが苦手な子どもに、「読め、読め」って言ってもねぇ。音声ならば、内容を味わうことができるかもしれないものね。

実践・取組の内容	ひらがなの読み書きの指導方法の工夫

校種	小学校
学年	3年生
実施時期	4月～5月
社会的障壁は何か	ひらがなの読み書きができない。
合理的配慮を行う根拠になった障害のある子どもの特徴	日常生活は自分でできる。

実践・取組の展開

　Aは、2年生まで特別支援学級に在籍していたが、3年生から通常学級に転級した。Aは、ひらがなを書くこと、読むことができなかった。
【指導の一例】
◆音読　みんなで一斉に読むときは、担任がAのそばで読んでいるところを指さしながら、いっしょに読む。個別（順番）に読むときは、少しずつにし、同じように指さしながら担任が読み、Aが復唱する。
◆書く　板書をノートに写すときは、できる範囲で板書と同じことをAのノートにうすく赤鉛筆などで書いてあげ、それをAがなぞる。
　　　　与えられた課題を何か考えて書くときは、書きたいこと、考えたことをAに言ってもらい、それを赤鉛筆などでうすく、ノートに書く。
　　　　書くことがうまく思いつかないときは、担任がたとえばこういうことを書いたらよいということをAに話しながら、そこへ赤書きし、Aがそれをなぞるようにする。

合理的配慮

社会的障壁を解消するため＝障害がある子どもとない子どもが一緒に学び、育つために行った工夫

(1) 教育内容・方法の変更及び調整
　　担任が読んだところを復唱して同じ場所をAが読む、担任が下書きをする等をし、別教材を用意しなくても、一斉授業のなかで一緒に授業を受けることができるようにした。

(2) 人的配置に関わる変更及び調整
　　新たに配置された教職員はいない。

(3) 施設・設備に関わる変更及び調整
　　新たに設置された施設・設備はない。

結果

(1) 障害のある子どもの変化、新たな「つながり」など
　　初め、復唱したり、担任の書いた字をなぞっていたりしたが、そのうち、少しずつ、担任から指示されなくとも読める字を読む、あるいは板書を視写するようになり、約1年でひらがな、片仮名、簡単な漢字などは、自分で読み書きするようになった。
　　通常学級でクラスの一員としての学びを通じて、特別支援学級の2年間では習得できなかったひらがなの読み書きができるようになった。

(2) 周りの子どもの変化、新たな「つながり」など

　　初めは、担任のすることを見ていたが、だんだん担任がしなくても、担任の
かわりに、そばで読んで教えたりＡのノートに赤い字で書く子がでてきたりした。
そのうち、Ａは自分でできるようになったので、何もしなくなったが、それでも
読めない漢字が出てきたりしたときはそばで教えていた。

(3) その他（波及効果など）

　　できないことがいけないことではなく、できなくてもその子なりの良さを認め
合う関係が生まれた。他にも様々な問題をかかえた子がいたクラスであった（例：
教室から出て行ったらなかなか帰ってこない子、授業にあきると教室の後ろで寝
ていたりする子）が、そういった子たちの存在を否定的に見ないで、当たり前に
一緒に生活する関係になっていった。

| 実践、取組を振り返って 課題、感想など | 工夫することで、同じ課題で一緒に学び合うことができる。 |

担任の先生がちょっと工夫すればいいこ
とってたくさんあるんだよね。
なのに、障害のある子どもが通常学級で
学ぶために、人手がないとできないって
言うんだよね！

 理科

実践・取組の内容	一緒に学ぶ授業　クラスづくり
校種	小学校
学年	3年生・4年生
社会的障壁は何か 合理的配慮を行う根拠になった障害のある子どもの特徴	・短い単語で会話をするが、伝わらない時には、怒ってケンカすることもある。 ・一斉授業での授業内容が理解しにくい。
クラス・集団の問題	・Aは人が大好きで、愛嬌たっぷりの子で、友達、先生、お母さん、家族の中で、どんどん吸収していく力を持っている。 ・「障害」があるからと言って、別の空間へ「分けたくない」「一緒に過ごし、学び合う関係を大事にしたい、それが当たり前の人間関係」と思うことを、職員会議や校内の同和教育研究会や障害児教育研究会で伝え、了解してもらった（Aは支援学級籍の子どもである）。そのようにして、通常学級でAはすべての時間過ごした。したがって、取り出し（抽出）は無い。「全員がクラスの子、みんな友達」を、いつも当たり前にしていた。 ・全員が、どの子も、Aと友達。ケンカをすることもあるが、仲良く一緒に遊んだり、勉強したり、Aの家に行ったり、家の近くの児童公園に行ったり。関わり方は、子どもによって、色々ある。 ・Aが怒ってたたいたりしたとき、どうするかで、し返してケンカになる場面もよくあった。そんな後、Aが何を怒ったのか、みんなで考え、Aが悪かったら謝るようにし、ケンカした子も了解して、仲直りできるような関係づくりを心がけた。Aも友達も、さっぱりとあとくされなく過ごしていたと思う。
実践・取組の展開	通常学級でのクラスづくりでは、Aだけではなく、全員が生き生き活躍したり、問題意識をもって学ぶ授業をした。 　3年は、「自然をみつけよう」「珍しいもの探し」をクラス全員の課題にした。週末には、見つけたものを『ひだまり、水たまり』ノートに書くことを課題にして、週明けには発表の時間をつくった。 　また、学級通信に子ども達の「見つけたもの」を掲載して、終わりの会で書いた子どもに読んでもらった。 　4年生では、子どもがどんぐりを拾って持ってきてくれたことから、クラスでどんぐり拾いをしたり、まば椎拾いをして食べたり、どんぐり団子作りをして、昔の人たちの生活を、少しだけ味わった。煮汁から、木綿を染めて、これを染料にしていた人たちの暮らしを学習した。
合理的配慮 社会的障壁を解消するため＝障害がある子どもとない子どもが一緒に学び、育つために行った工夫	(1) 教育内容・方法の変更及び調整 　　Aには、特別支援学級の担任が入り込みをした。一斉授業を行いながら、Aの理解を助ける補充教材を作ったり、それを、クラスの他の子どもたちの学習に役立てるようにした。 ・もちろん、その前に、Aの保護者・ご家族の了解を得た。

・特別支援学級の担任にも、その趣旨を理解してもらい、了解を得て、教材作りや、補助の付き方など、協力を頂いた。また、特別支援学級担任からの教材についてなどの提案・協力を、歓迎して受け入れていた。

(2) 人的配置に関わる変更及び調整

　　特別支援学級の担任が入り込みをして、Aだけではなくクラス全員の授業のサポートに入った。

(3) 施設・設備に関わる変更及び調整

　　特になし

結果

(1) 障害のある子どもの変化、新たな「つながり」など

　　Aは、以上のような雰囲気のクラスの中で過ごしていたが、友達と公園で遊んだあと、また公園に出かけて葉っぱ集めをし、理科ノートを取り出し「さあ描こう」と言って、葉っぱを写生した。理科ノートには葉っぱが力を込めていっぱい描かれていた。担任は、驚いた！　みんなも！

　　Aは、友達がいて当たり前、学校でも、家に帰ってからも。学校では、どんな場面も、みんなと一緒に行動していたし、友達がAの応援をしたほうがいいなと思った場面は、当たり前に自然にしていた。

(2) 周りの子どもの変化、新たな「つながり」など

　　家に帰ってから遊ぶ友達が、はじめはAの家に4〜5人の子どもが行っていたようだが、だんだん「遊ぶ約束」を子ども達の間でするようになった。その「約束」をすることを忘れたときは、Aがお母さんに「〇〇に電話して！」と。そこへ、別の友達が現れ、大喜び！　で、外へ。

(3) その他（波及効果など）

　　クラスや学年の枠を超えて、街でも、中学校や地域の行事に参加するときも、Aが声をかけられたり、Aから挨拶したりして、Aを取り巻く人間関係が学校内だけでなく、地域にも広がり、豊かに楽しいものになっていったと思われる。

実践、取組を振り返って課題、感想など

(1) Aについて、家での様子や友達が来てどんなふうに遊んだかなどを、詳しく折に触れて連絡帳に書いてくださったことが、担任としては、励みになり、課題を考える上でも役立たせて頂けたと思った。

(2) 「障害」のある子どもに対してだけでなく、すべての子どもたちが興味をもって学びたいな〜と思うように教材や展開をいつも考えるようにした。その際、感性を大事にして、感性（五感）に働きかけるように、豊かな自然や教材を用意したり、びっくりさせ、食いついてくれるものはないか、工夫した。子どもたちが、そのことをどう感じて、何を学んでいるかを、書き、描いてもらうことを大事にして、通信に載せて、分かち合いをした。家庭でも、学級通信に載せることで、共感して頂いたり、協力して田んぼや畑を貸して下さったり、家族で出かける場所を工夫して下さったりしたと思う。

(3) 特別支援学級担任に限らず、校内の他の教職員や、時には学校外の人にも来て頂いて、クラスや学年で授業をしてもらったこともある。どの子も、すごく喜び、印象が深かったことがわかった。Aのいるクラスだけではなく学年に広め、共感し合って進めることが、特に大事だと考えて進めてきた。強制でなく、共生の関係を心がけて。

算数

算数が分からない

実践・取組の内容	
校種	小学校
学年	4年生
実施時期	6月〜

社会的障壁は何か
合理的配慮を行う根拠になった障害のある子どもの特徴

Aは、通常学級の算数の授業のスピードが速く、ついていけない。
算数は系統的に理解する必要があり、Aにとっては教師の説明を聞いて、問題を解くことができない。算数の授業が分からないためにAはすっかり自信をなくしてしまい、算数の授業を嫌がるようになった。

クラス・集団の問題

Aは、特別支援学級籍。通常学級に机もロッカーもあり、給食も通常学級で食べている。

実践・取組の展開

(1) 算数を嫌がるようになってしまったAについて、どのような対応が可能なのか、特別支援学級の担任から相談を受けた。校内の特別支援教育コーディネーターとして、どのようにすべきか特別支援学級の担任と考えることになった。

(2) Aは、ほぼ全ての授業を通常学級で学んでいるが、特に算数は授業についていけないため、座っているだけになってしまっている。

(3) どのような授業になるのかを、特別支援学級の担任が通常学級担任に予め聞いておき、Aに対して授業の予習を個別学習でしてはどうかということになった。

(4) Aは、予習しているので、授業展開について見通しがたち、自信をもって授業に参加でき、発表もするまでになった。

合理的配慮
社会的障壁を解消するため＝障害がある子どもとない子どもが一緒に学び、育つために行った工夫

(1) 教育内容・方法の変更及び調整
　　通常学級での算数の授業内容を予め教えてもらい、Aは特別支援学級の担任と一緒に予習した。
　　現在は、特別支援学級の担任とAとで予習をしているが、次の展開として、通常学級の担任が一斉授業の中でAに対して個別に支援できるように、合理的配慮を変更・調整できるように工夫したいと思っている。

(2) 人的配置に関わる変更及び調整
　　予習をするために特別支援学級担任が対応。

(3) 施設・設備に関わる変更及び調整
　　特になし。

結果	(1) 障害のある子どもの変化、新たな「つながり」など 算数の授業に自信をもてるようになってきたのか、挙手して発言するようになった。
実践、取組を振り返って 課題、感想など	特別支援教育コーディネーターとして、Aに関わることになったが、算数がすっかり苦手科目になってしまっていたので、まずは自信をつけることに重点を置きながら、合理的配慮について検討することになった。本来であれば、事前に予習をしなくとも、授業の中で教科担当教員がAに対しても配慮できれば良いのだが、それを一気に行うのは難しい状況にあった。

授業が分からないのは、誰のせい？

　Aさんは、算数の授業についていけない。なので、通常学級で勉強するために、特別支援学級の担任と予習をする。これって、合理的配慮なのだろうか？

　ここで問いたいのは、この取組みが行われていなかったら、Aさんはどうなっていたのだろうかということ。算数が嫌いな科目、分からない科目なのだから、算数の時間に教室にいるのが嫌になるだろう。通常学級の担任は、「座っているだけになるのだから、個別で勉強した方がAさんのためになるし、Aさんも個別での勉強を希望してますよ」と言うだろう。「個別で勉強している方が、Aさんの表情もいきいきしている」と。結果、「算数は取り出しましょう」となるのではないだろうか。障害のある子どもは、簡単に通常学級から取り出されてしまう現状にある。この取組みでは、ギリギリそれは免れたと言える。

　合理的配慮は、障害のある子どもがいる教室、つまり通常学級で学べる工夫でなければならない。本来問われなければならないのは、通常学級の在り方だ。

　この取組みに関しては、ここから始まるだろう通常学級の担任による合理的配慮、その中身に期待しよう。それが、本来この取組みで提供されるべきものなのだから。

数学

実践・取組の内容	私、数学が好きになってきた！

校種	中学校　特別支援学級
学年	1年生
実施時期	通年
社会的障壁は何か 合理的配慮を行う根拠になった障害のある子どもの特徴	Aは特別支援学級在籍。中度の自閉・情緒障害がある。本人と保護者の願いは、「できるだけみんなの中で生活したい」ということなので、可能な限り授業を一緒にやり、A自身も通常学級には喜んで行っている。数学の授業内容を理解するのが苦手。板書をノートに写すことに時間がかかる。

実践・取組の展開	・ 数学は生徒の中で、一番苦手とされる教科であり、数学嫌いが多い。「方程式を勉強して、何か役に立つの?」とか「数学は何のために学ぶの?」など思っている生徒が多い。数学は、「①物事を論理的に考える力をつける。②人に自分の考えや意見を伝える力をつける」教科であること常に伝える。 ・授業の中で、「高校入試のための学習」「入試で出るから」「入試で困るよ」は禁句であり、これは「おどし」の授業である。数学の喜びを伝えたいと思って生徒に対応してきた。特にAには、みんなと一緒に学ぶ喜びを伝えてやりたい。 ・特に「分からないところは、必ず班の人に『教えて』と伝える。この援助を頼むことは生きる力です」「必ず周りの人の進行状態を見ながら問題を解きましょう」などを毎回耳にたこができるぐらい伝えた。

合理的配慮 社会的障壁を解消するため=障害がある子どもとない子どもが一緒に学び、育つために行った工夫	(1) 教育内容・方法の変更及び調整 ・授業中に利用する配布プリントには、できるだけイラストを載せる。 ・宿題は、必ず詳しく解説と答えを書いたものを一緒に配る。「答えを写してもいいが、やり方も理解に努めながら写すこと」を条件に配る。 ・Aも一緒にテストを受けるが、細かい解答欄には字が収まらない。枠に収まるのと理解をしていないのとは別であるので、Aには解答用紙をA3に拡大することにした。直接答えとは関係のない難しい漢字にはルビをふるようにした。記号問題を必ずいくつか用意した。 ・時間がかかる板書やノートは省略し、パソコンのパワーポイントでつくった教材を大型テレビに10〜15分提示し、後半は班の形になって徹底的に教え合いながら練習問題に挑戦した。板書をノートに写す作業を省き、プリントを配布し、教え合いの時間を多く取った。 ・教え合いがスムーズにできるために数学の時間の基本はペア座席。

(2) 人的配置に関わる変更及び調整
特別支援学級の担任が授業をすることで、支援員とともにティーム・ティーチングで授業ができた。

(3) 施設・設備に関わる変更及び調整
特になし

結果

(1) 障害のある子どもの変化、新たな「つながり」など
　どれだけ教え合いができているかの確認の意味で、時間があるときは数問テストを行った。班のメンバーの支援があり、Aも2回ほど基本の作図で満点をとれていた。

(2) 周りの子どもの変化、新たな「つながり」など
・以下のような1年間の数学を振り返っての感想・意見があった。
「スライドの時はノートを取る手間を省けて助かった。プリントは分かりやすくて良かった」
「とても分かりやすくて、休んでもついていける教え方でとても身に付いた。来年も先生がいいと思いました」
「テレビを使っての授業は初めてだったのですが、分かりやすく授業を受けることができました」
「1年間ありがとうございました。ペアー学習だったので、分からないところがあったら聞けてとても良かったです。私たちに少しでも分かりやすくするために、ブラックボックスなどを作ってきてくれてありがとうございました。プリントも毎回作ってくださってありがとうございました」
「私は数学はきらいだけど、先生の教え方が分かりやすくてちょっとだけわかりました。数学がちょっと好きになりました」

インクルDB編集委員より

・特別支援学級の担任が交流学級で年間を通じて授業を受けもつという「共に学ぶ」ための一つの形態である。
・苦手意識の強い「数学」をどの子も共に楽しく学ぶために、
　① イラストや吹き出しを入れて分かりやすくする。生徒の生活に身近な話題を取り入れるなど、教材づくりに工夫がされていた。
　② パワーポイントで授業内容を提示し、板書やノートを省くことで、みんなが同じラインに立って授業に参加できる。
　③ そのことで、教え合いの時間が保障され、本来の学び合いが成立している。
・授業者も言っていたが、この授業のための教材準備は大変だと思うが、そこが、「共に学ぶ」ことをめざす教師のこだわりどころだと思った。
・Aを意識しての授業改善が、結果的に他の子どもたちにとっても、楽しく学ぶユニバーサルデザインに基づく授業となっていることは、インクルーシブの原点ではないか。

 体育

実践・取組の内容	肢体不自由児（義足）の活動を保障する体育的活動
校種	小学校
学年	6 年生
実施時期	通年
社会的障壁は何か 合理的配慮を行う根拠になった障害のある子どもの特徴	Aは、片足が義足の装着直後であったため、走行やジャンプなどが困難で、体育で参加しにくい授業内容がある。
クラス・集団の問題	通常のボール運動の中には、身体の接触が多く、転倒などの危険があった。

実践・取組の展開

(1) Aにとっては、競技用ボールが固すぎることや、ドリブルしながら走ることが難しいため、ビーチボールを使ったバレーボールに授業で取り組むことにした。ネット型に属するバレーボールならば、攻守による身体接触もなく、ぶつかることによる転倒も最小限にとどめることができ、Aもレシーブやトスを中心としてゲームに参加できた。

(2) バスケットボール型のゲームでは、Aは一方のサイドライン上を自由に移動しながら、パスによってボールをコート内に出し入れできる「サイドマン」の一人になった。そうすると、他の児童と衝突することもなく、また、ボールを追いかけて走る必要もないので、ゲームに参加することができた。

(3) 大縄跳びでは、中で跳ぶことが難しかったため、縄をまわす役割（ターナー）を担当した。跳べるようになるのも大切だが、ターナーが縄をタイミングよく適切にまわす技術を身につけることが連続した記録には重要なので、そのことを理解して役割を担ってもらえた。

合理的配慮

社会的障壁を解消するため＝障害がある子どもとない子どもが一緒に学び、育つために行った工夫

(1) 教育内容・方法の変更及び調整
　　Aも参加できるように、ルールを変更した。
　　　・やわらかいボールを使ったバレーボール
　　　・サイドマンルールを導入したバスケットボール
　　Aが参加できる役割を担ってもらう。
　　　・大縄跳びをまわす役割（ターナー）としての参加

(2) 人的配置に関わる変更及び調整
　　特にない。

(3) 施設・設備に関わる変更及び調整
　　ビーチボールバレー用のボール（冬用）を購入した。通常のビーチボールよりも強度があり、回転等の分かりやすい模様なのでゲームがしやすくなる。

結果	(1) 障害のある子どもの変化、新たな「つながり」など 　　Aはもともと運動能力も高く、友達と作戦を考えながら、自分のポジションや動きが得点に結びつくよう考え、活動していた。 (2) 周りの子どもの変化、新たな「つながり」など 　　それぞれの単元ごとに体育ミーティングを開き、細かい部分については全員の了解の下に、ローカルルールを作成していった。 (3) その他（波及効果など） 　　結果として、得点による勝ち負けにこだわる傾向のあった児童も、そのゲームの内容や作戦を重視するようになり、チーム全員が楽しくゲームを行うことが主眼となっていった。
実践、取組を振り返って **課題、感想など**	当初、既存の障害者スポーツに全員で取り組むことを検討していたが、ルール作りから集団で取り組むことで、Aだけでなく結果的にさまざまな児童の特性の理解につながった。

 音楽

実践・取組の内容	聴こえにくい子もみんなが楽しめる音楽の授業

校種	小学校
学年	4年生
社会的障壁は何か 合理的配慮を行う根拠になった障害のある子どもの特徴	難聴で補聴器を着装、授業者はマイクを着装しているが、補聴器は不必要な音も入ってくる。 リコーダーは、指使いは皆と同じにできるが、音の高低や強弱のコントロールが難しく、他の子どもたちと違った音になってしまう。皆と合わせてきれいな音を出さなければ、と思うとますます苦手、嫌いになっていく。
実践・取組の展開	・4月当初、クラスの子どもたちの3分の1が「音楽は、苦手・できない、だから嫌い」と言っていた。その中に、Aもいた。途中で保健室に行くこともあった。 ・苦手を意識を持たず、みんなで楽しめる授業にしようと内容を考えた。当時流行っていたお笑い系のメロディーを取り入れて、リコーダーで吹くことや、子どもたちが乗りそうな歌を選び、踊りを入れるなどの工夫をした。 ・みんなの前で一人ひとり歌わせるようなテストしない。評価は、楽しくやっているかをみた。リコーダーのテストは、5曲ぐらいの中から自分で選ばせた。どこでどのように吹くかは自分で決めた。 ・音楽会では、どこのパートを担当したいかは、希望者でジャンケンをして決めた。
合理的配慮 社会的障壁を解消するため＝障害がある子どもとない子どもが一緒に学び、育つために行った工夫	(1) 教育内容・方法の変更及び調整 　・Aの外れた音が否定されないように、「きれいな音を出そう」「音をそろえよう、合わせよう」という声かけをしないようにした。その代わり、「元気にやろう」「楽しくやろう」「前よりもよくなったね」という声かけをした。 　・音楽会では、ジャンケンで勝ち、指揮者となった。音を取るのが難しいので、4拍子の曲を2拍子に変えて、指揮をし易くした。 　・本人からの申し出もあり、音楽会当日は、教師は客席から見えない位置で、一緒に指揮をして、安心して取り組めるようにした。 (2) 人的配置に関わる変更及び調整 　　特にない。 (3) 施設・設備に関わる変更及び調整 　　特にない。
結果	(1) 障害のある子どもの変化、新たな「つながり」など 　　Aはリコーダーはあまり好きではないようだったが、木琴や打楽器を好んで演奏していた。 　　最後の音楽会で指揮者に立候補したことが変容を物語っている。

(3) その他（波及効果）など
　　Ａも含めて、音楽の授業を楽しめた。

　聾や難聴の子にとって、「音楽」は大きなバリアーになっている。「きれいな音を出そう」「音をそろえよう、合わせよう」と言われてもその音がわからないのだ。この実践の素晴らしさは、その言葉を使わなかったことだ。そのことで、Ａの違いが際だつこともなく、安心して取り組めたのではないか。それは、Ａだけでなく、音楽が苦手な他の子たちにとっても同じだ。

　実践者の「自分の理想とする音楽もあるが、子どもたちがいいと思う音楽をしていきたい」という言葉は、教師のための授業ではなく、子どものための授業だということだと思う。音楽専科はとかく、作品の完成度を求める傾向にある。

　また、根底に流れているのは、実践者が、一人ひとりの存在を大切にしていることだ。教師がその子の居場所を創ることで、子どもたちもお互いに認め合う。

　圧巻は、4拍子を2拍子に変えたこと。これこそが、一緒に楽しくするための変更・調整である。

column ❘ 　評価も、合理的配慮を！

　障害があるから評価しない、つまり「評価不能！」は、障害を理由とした差別に当たる可能性があります。評価についても、当然、合理的配慮が提供されるべきです。

　「障害がある子どもに関しては、教科毎の評価の観点で評価できない。だから、評価不能になっても仕方ない」と言う人がいます。しかし評価は、それぞれの教科の観点に到達したのかだけを、判断するものではありません。

　評価は、ある子どもの学習の状況を評価するものです。大切なのは、子ども自身がどう学んだのか、その結果を次の指導にどのように生かすのか、つまり提供した教材は適切だったのか、その提示の方法は子どもの障害を十分踏まえたものになっていたかなど、教員による教育活動に対する評価でもあるのですから、その結果の責任を障害のある子どもにだけ負わせるべきではありません。

　合理的配慮は、障害のある子どもが一人の子どもとして障害のない子どもと同じように平等に、つまり差別なく学ぶために教育内容やそれを提供する方法を変更することです。ならば学んだ結果についても、評価についても障害に合わせて、合理的配慮が提供されるべきでしょう。例えば、評価基準を障害に合わせて変更することも、合理的配慮として提供されるべきでしょう。

実践・取組の内容	**ルビつき中間テスト**
校種	中学校
学年	1年生
実施時期	5月
社会的障壁は何か	読字、とりわけ漢字を読むことが難しい。内容は理解していても漢字の文章が読みにくいため、漢字ベースの課題では、実力を発揮しにくい。
合理的配慮を行う根拠になった障害のある子どもの特徴	

実践・取組の展開	(1) 中学に入学する時に転居したため、Aは、知らない地域でなおかつ知り合いのいない学校生活がはじまった。特別支援学級在籍だが、すべての授業を通常学級で受けたいという希望だった。

(1) 中学に入学する時に転居したため、Aは、知らない地域でなおかつ知り合いのいない学校生活がはじまった。特別支援学級在籍だが、すべての授業を通常学級で受けたいという希望だった。

　Aは、入学式のクラスでの自己紹介のときに、「漢字が読めないので、名札を見ても名前がわかりません。だから、名前を口で教えてください。みんなと早く友達になりたいです」という自己紹介をした。

(2) 入学式翌日のテストは、配慮のないままに試験を受けたため、問題が読めず、ほとんど点数を取ることができなかった。

(3) 中間テストの実施にあたっては、テストにルビを振ってみることを特別支援学級の担任が考えた。各教科の担任に伝えたところ快く応じてくれ、テスト問題のファイルを借りることができた。そこで、特別支援学級の担任が、すべての教科のテストにルビをつけて印刷し、Aの出席番号のところに入れておいた。

(4) 事前にAには伝え、Aもルビを振って欲しいと言っていた。しかし、Aのクラスメイトには説明する時間をもてなかったため、そのままテスト当日を迎えた。

　1教科目のテストの後、Aのテスト用紙だけがきれいな用紙であることと、ルビが振ってあることで騒ぎになった。

　「なんで紙がきれいなの?」「A君だけ、漢字に読みがながついている」「ずるい!」「私のにも読みがなをつけて」「不公平だ」などいろいろな声があがった。

　あるクラスメイトが、「Aは自己紹介の時に、『漢字が読めないからよろしく』と言っていたじゃないか。だから、読みがながついていてもいいじゃないか」と言った。

　これらの声に対して、担任は生徒たちの話をひと通り聞いた後、「みんなに伝えていなくてごめんな。でも、みんなでいろいろと考えてくれてありがとう」と言った。担任は、クラスメイト同士で考える時間を与えることで、生徒自身が「ルビがついているテストもありだ」と、そのクラス全体の生徒たちのストライクゾーンを少し広げることができた。

　その次の時間からは、ルビが振ってあるテスト問題に対して、クラスメイトが問題にすることは少なくなっていった。

合理的配慮 社会的障壁を解消するため ＝障害がある子どもとない子 どもが一緒に学び、育つため に行った工夫	(1) 教育内容・方法の変更及び調整 　全教科の中間テストにルビを振る。（特別支援学級の担任が教科担任からテスト問題を預かり、漢字にルビを振った。） (2) 人的配置に関わる変更及び調整 　新たに配置された教職員はいない。 (3) 施設・設備に関わる変更及び調整 　新たに設置された施設・設備はない。
結果	(1) 障害のある子どもの変化、新たな「つながり」など 　漢字にルビを振ったテストならば、問題の意味が分かり回答することができた。中間テストの後、「読める漢字にはルビは要らない」とAが言い、読めない漢字だけにルビを振ることになった。 (2) 周りの子どもの変化、新たな「つながり」など 　ルビを振ったテストに対して、最初は不公平感をもっていたクラスメイトだったが、ルビが振られているので読めるのをAが喜んでいる様子をみて、合理的配慮が必要だということを理解した。 (3) その他（波及効果など） 　Aにルビつきテストを用意したことで、生徒と担任の両方に「こういう工夫ができるんだ」という実感が生まれ、新たな授業の工夫に連鎖していった。例えば、期末テストで出題される範囲について教科担任が伝えた後に、必ず回答できそうな範囲を特別支援学級の担任がAに勉強するように再確認するなどの工夫が行われた。どのように試験勉強をするべきか、具体的なアドバイスが行われるようになった。 　さらに、教員たちによって「分りやすいテストづくり」の工夫がはじまった。何が分かりにくいのかを生徒に聞き、カラー印刷でテストが作成されたり、解答欄の工夫が行われたりした。
実践、取組を振り返って 課題、感想など	(1) 今回は支援学級在籍の生徒であったため、採点や評価には幅を持たせることができたが、通常の学級に在籍する生徒にこのような合理的配慮を行おうとすると、評価の基準をどのようにするかなど、学校レベル、市町評価部会レベルで検討する必要がある。 (2) 生徒一人だけ他の生徒と異なるテスト用紙を配布することについて、生徒の心情への配慮が必要である。場合によってはどの生徒にも同じ配慮をした問題用紙を配布するなどの発想も必要になる。このような事例が当たり前のことになると、個人に対して必要な変更や調整をすることについて、特別なことという意識がなくなってくるかもしれない。

テストのときに

実践・取組の内容	**テスト時間の過ごし方**
校種	中学校
学年	3 年生
実施時期	5月～2月
社会的障壁は何か	Aは、2年次までは特別支援学級籍であったが、3年の進級時に通常学級籍になった。特別支援学級籍の時には、中間テスト等のテストを一度も受けたことがなかった。
合理的配慮を行う根拠になった障害のある子どもの特徴	

担任の葛藤

◆4月

　通常学級の籍になったのだから、特別なことはすべきではなく、他の生徒と同じようにすべきというのが同じ学年を担当する担任の雰囲気であった。しかし、テストの時間のAは、隣の生徒に話しかけたり、騒いだりしてしまって、静かにすることはできない。そのために、試験監督の教員から別室に出されてしまうことがあった。担任は、クラスの中で一緒にテストを受けてほしいと思い、何か良い方法はないかと悩んだ。仮に、A専用のテストを作るとすると、テストで点数を取れない子ども全員に、個別にテストを作ることになるのか、悩む。

◆5月

　原則的にはテストのときにAに教室にいてほしいと思うが、今のテストでは太刀打ちできない。Aを放置することはできない、独自のテストを作ることにしてはどうかという思いが強くなる。Aにとってのテストの意味は何か？　テストの時間中に、ドリルをやったり、別の課題に取り組むことで事足りるということにはならないだろう。

◆保護者の思い

　特別支援学級にいたときには、テストを受けるということがなかったAにとって、同じ教室で学習していないのに、他の子と同じテストを受けることにあまり意味を感じなかった。担任からAのテストを作りたいと相談をされた時には、Aが無理やりやるものではなく、納得して受験できるものにしてほしいとお願いした。通常学級になったのだから、クラスメイトと同じテストをしないのは、わがままだと言われかねないし、テスト中に騒いでしまうと他の子どもの迷惑になるのは分かっている。なので、Aのためのテストの作成は、大歓迎だった。

実践・取組の展開

・授業で参加できた部分やAが解けそうな問題、ドリル練習帳などから、本人が練習したり、がんばったりしたら、解ける問題を作る。

・学年の教員たちに「A専用のテストを作りたい」と提案する。「授業でやったことで、Aが解けるような問題を教えてほしい」と提案。何人かの教員が問題のメモを渡してくれるようになる。
　　↓
・いろいろな問題を寄せ集めて、5教科のA専用のテストを作成する。
　　↓

・みんなと同じテストには一通り目を通して、名前を記入し、本人が判断して専用の
テストに取り組む。Ａが、別のテストを受験することについて、うらやましいと言
う生徒はいるが、「じゃあ、専用のテストを作ろうか」と言ってみると、実際に作っ
てほしいということまでを言う生徒はいなかった。

<table>
<tr><td>

合理的配慮

社会的障壁を解消するため
＝障害がある子どもとない子
どもが一緒に学び、育つため
に行った工夫

</td><td>

(1) 教育内容・方法の変更及び調整
・これまで本人は中学校のテストを一度も受けたことがなかった。
　　　↓
・1回目のテスト（全国学力調査）腕組みをして、4時間一言もしゃべらずに座り通した。
　　　↓
・2回目のテスト（定期テスト）大声でクラスの生徒の名前を呼んだり、笑い出して
　しまったりする。注意しても、静かにできずに図書室に移動する。
　　　↓
・3回目　本事例の本人独自テスト　卒業前まで、本人独自のテストを実施する。
　漢字（小学校低学年くらい）、足し算、引き算、地図、バス停の名前……など、
　がんばったらできる内容をテストの内容にする。
　ドリルでやったものをテストにすることもあった。
　　　↓
10回、独自テストを実施する。

(2) 人的配置に関わる変更及び調整
　新たに配置された教職員はいない。

(3) 施設・設備に関わる変更及び調整
　新たに設置された施設・設備はない。

</td></tr>
</table>

結果

(1) 障害のある子どもの変化、新たな「つながり」など
　　テストの時間はじっと我慢して、黙っていなければいけない時間だったが、Ａ
専用のテストを受験することで、テストは取り組むべきものということを理解し、
取り組むようになった。自宅でもテスト勉強をするようになり、テストの時間は
皆と同じように真剣に取り組まなければいけないという雰囲気の中で自らの課題
に取り組み、以降は教室から出されることはなかった。

(2) 周りの子どもの変化、新たな「つながり」など
　　テストのことも含めて、日常のいろいろな場面で関わり合うことで、クラスの
一員としてしっかり関係をつくっているように見えた。このことは、子どもたちの
中にある障害を見る目を変えることになったのではないかと思っている。

(3) その他（波及効果など）
　　生徒たちにとって、テストはどういうものであるべきなのか、独自テストを作
ることによって考えることになった。Ａの近くにいたいつも点数を取れない生徒
が、本人専用の色刷りのテストを見て、「いいな」と冗談のように言っていた。
英語が苦手で、数学が苦手で、一けたの点数しか取れない生徒も、もしかした
ら「じっと我慢の時間」なのかもしれない。テストの意味は何か、学力って何な
のか、考えさせられる。

　Ａ専用のテストが、よかったのかどうかわからない。作成には、かなり苦労した。同じ問題を出したこともあった。また、間違えたところを練習して、次に生かすような系統的手立てが十分にできなかった。

　計算や漢字、英単語など書き取りは伸びなかったかもしれない。しかし、クラスで学んだことは多かった。シャープペンをくるくる回したり、左利きの生徒を見て、左手で給食を食べたり、一見どうでもいいようなこともＡにとっては新鮮な「学ぶ場」だった。まわりの生徒もＡや保護者からたくさんのことを学んだ。Ａがいたおかげでまわりの生徒も成長し、教員も変わった。子どもたちだけでなく、大人たちも変わったと思う。

　私たちは高校入試の結果や形式的な通知表以外の方法で、3年間で、学んだこと、変われたこと、成長したことを確認し合うすべをあまり知らない。

　Ａのテストをうらやむ生徒がいた。もしかしたら自分が1時間で解けるようなテストを受けたい、○をつけてほしい、1時間がんばったらシールを貼ってほしいという学びの原点に飢えているようにも思えた。本人の思いや子どもたち同士の関係をさしおいて、安易に子どもたちを分けてしまう流れの中で、原則や同じ空間で過ごす方向性は、新たな発見や可能性を生むように思えた。

流行りの
ＵＤって、
合理的配慮なの？

最近、ユニバーサルデザイン（ＵＤ）授業が、すごく流行っているよね。マニュアルみたいになってて、黒板の周りは、シンプルにとか。ごみを捨てるのは、この四角の中にとか。

ＵＤをやるってことは、合理的配慮ってことになるのかなと思うけれど、どうかな？

そんなに単純じゃないよ。だって、合理的配慮は差別を解消するために、障害のあるＡさんに提供されるってことだよ。ＵＤって、差別のこと言っている？

Ａさんへの合理的配慮が、クラスのみんなにとっても必要な支援だってことはあるよね。それは、昔から共生共学運動で取り組まれてきたことだよね。みんなが分かる授業づくりってね。改めてＵＤって言わなくても、やってたんだね。

学級づくり

| 実践・取組の内容 | 先生の大へんし〜ん！ |

校種	小学校
学年	5年生〜6年生
社会的障壁は何か	Aは、5年生になり、新しく担任になった教員に新学期1日目に「お前なんか担任失格だ」と言って憤り、それ以後激しく反発する。一方で、クラスの子どもたちは、これまでのAとの学校生活でどのような場面で感情を爆発させるのか付き合い方に慣れていた。Aにとっては、担任が社会的障壁に？
合理的配慮を行う根拠になった障害のある子どもの特徴	

実践・取組の展開

(1) 担任になって1年目。夢にまでみていた教壇に立つ。5年生を担任することになり、引継ぎのための説明では、Aはこだわりがかなり強いとのことだった。しかし、Aのクラスでの友人関係は良好でむしろ人気者であること、また自分が間違ったことをしたらしっかり謝罪ができると説明があった。

(2) 4年生の担任はAに対して宿題の提出を求めていなかったが、5年生になったAに対して、新しく担任になった者としては他のクラスメイトと同じ扱いをすることにした。

　他の子どもたちと同じ活動や行動を求める担任に対して新学期1日目に「お前なんか担任失格だ」と罵り、それ以降、暴言を吐くか、または、無視するようになる。例えば、「きちんと座りなさい」と言うと机に座り、目が合うと目を三角にして担任を睨み「お前の顔なんか見たくない、近寄るな」、担任が触ったものは「汚い」と言い、担任を遠ざける日々が続く。

　Aの口癖は、「去年とは違う」「今までは○○だったのに」「お前のせいで」だった。

(3) 宿泊研修では、Aは張り切りすぎて危険な行動をし、そのために宿泊施設の職員から厳しく叱られた。それに対して、「こんなところで働くなんて、よほど仕事がないんだな」等、暴言を吐く。

(4) Aは、担任に対して罵詈雑言を続けた。Aとの関係修復を試みてもがいたが、追い詰められ、とうとう教室に入ることができなくなった。

(5) 校内研修会で、「教師の思いを率直に伝えてよいのではないか」「どのようなクラスにしたいのか、子どもたちに説明してもいいのではないか」等のアドバイスを受け、クラスの子どもたちに、担任の思いを話すことにした。真剣に、そして必死に語る担任の姿を見て、それ以降、担任の気持ちを受け止める子どもが出てきた。この子どもたちは、以降、Aと担任との間に入り緊張した空気をやわらげてくれるようになった。

(6) どのような場面でAが怒るのか、何が刺激になっているのか、声を録音し、分析して調べることにした。すると、大きい声や高い声に対して、Aが反応していることが分かった。

　大きい声で話をするときには声が高くなる傾向にあるため、声のトーンを低くして話すようにし、なるべく大きい声を出さないようにも心がけた。この他、スーツを着るのをやめ、やさしい色の服を着るように心がけた。

(7) Aがキレたり、暴言を吐くのには、必ず理由があることが分かってきた。そこで、落ち着いた雰囲気でAの気持ちを丁寧に聞くようにした。Aは褒められることに慣れていなかったので、返事の仕方、目線の置き方等、小さいことであっても褒め、自信をもてるようにした。

(8) 担任がAに対する対応を変えたことによって、担任を「先生……」と呼ぶようになった。現在は、他のクラスメイトと同じように課題にも取り組み、提出物も出すようになっている。

合理的配慮
社会的障壁を解消するため＝障害がある子どもとない子どもが一緒に学び、育つために行った工夫

(1) 教育内容・方法の変更及び調整
　　Aを興奮させる原因を探り、Aに対する接し方を変えた。
　　例1：大きい声で話をしない。
　　　　　話す声のトーンを低くする。
　　例2：キレる原因をAの言葉で説明する。
　　　　　その際に、Aの思いや考えを否定せず、どのようにしたら行動が改まるのかを考える。担任はAの思いに同調する。
　　例3：Aは初めて挑戦する活動や学習、環境に極度の抵抗を示す。
　　　　　まず、担任がモデルとなり、見通しをもって取り組めるようにする。
(2) 人的配置に関わる変更及び調整
　　新たに配置された教職員はいない。
(3) 施設・設備に関わる変更及び調整
　　新たに設置された施設・設備はない。

結果

(1) 障害のある子どもの変化、新たな「つながり」など
　　Aは、情があつく、仲間のためには罪もかぶるような面もある。そのため、クラスの子どもたちからの人気がある。担任とのバトルを経て、Aの担任への信頼度が変わってきた。学級の外でトラブルがあったときや下学年に自分の思いが上手く伝えられなかったとき、担任へ報告にくるようになった。また、周囲の児童に対しても自分の良い面をアピールするようになった。

(2) 周りの子どもの変化、新たな「つながり」など
　　クラスの子どもは、争いごとが苦手で、友達が叱られている場面を見るのを嫌う傾向にあった。この取組みを経て、クラスのチームワークが良くなり、高学年としての役割をしっかりと担えるようになってきた。今までAに対して気を遣っている面があった子どもたちも、Aの変化を肯定的に受け止め、口に出してAを評価するようになった。Aは、その評価に見合う行動をしようと、学級の一員としての自覚が生まれてきた。

実践、取組を振り返って課題、感想など

現在は、とても穏やかな学校生活を送ることができ、Aとの一つ一つのやり取りを宝物のように感じ、とてもいとおしい気持ちでいる。来年には、Aは中学に入学するので、保護者はこのことに対する不安を抱えているため、卒業に向けて中学校とも連携していきたい。

学級づくり

実践・取組の内容	直接子どもたちに聞いてみたら
校種	小学校
学年	5年生〜6年生
実施時期	通年
社会的障壁は何か 合理的配慮を行う根拠になった障害のある子どもの特徴	自閉症のAは、イヤなことがあった時に早口で「いらんのっ！」と言うだけで、自分の気持ちを言葉で伝えるのが難しい。クラスでは「いらんのっ！」と、Aの口真似をして遊ぶことが流行り出した。 学級担任は、Aに対してどのように対応すべきか、困っていた。
実践・取組の展開	Aへのイジメにつながらないかと危惧した学級担任は、特別支援学級の担任に相談することにした。その当時、Aだけではなく、実はクラス全体が落ち着かない状態で、担任は学級経営そのものに行き詰まりを感じていた。 相談に対して特別支援学級の担任は、「直接子どもたちに聞いてみたらどうだろうか。子どもたちと相談することが、まず必要だろう」とアドバイスした。 そこで、学級担任は学級会でAの口真似をすることについて話し合いをすることを提案し、子どもたちは真剣に話し合った。中でも担任から見たら「一番荒れていて、クラスの問題をひき起こしている張本人」のように思えたBが、「Aはこんな風に思っているんじゃないかな」と、Aに寄り添いながら一生懸命に発言を続ける姿に目を見張った。 このことをきっかけに、次第にまわりの子どもたちのAに対する見方が変わってきた。同時に、Bに対する見方も変わってきた。担任のBへの関わり方も変わっていった。
合理的配慮 社会的障壁を解消するため＝障害がある子どもとない子どもが一緒に学び、育つために行った工夫	(1) 教育内容・方法の変更及び調整 　　障害関係の専門書、特別支援教育コーディネーターやカウンセラー等の専門家に頼ってしまうのではなく、クラス担任自らが子どもたちに問いかけ、子どもたちから学ぶなかで、A自身が考えていることやその気持ちの理解が進んだ。 (2) 人的配置に関わる変更及び調整　特になし (3) 施設・設備に関わる変更及び調整　特になし
結果	(3) その他、波及効果など 　　AもBも、周りの子どもたちも、担任も、互いの関わり方が変わり始めたとき、クラス集団の変化が生まれてきた。
取組を聞いた者から インクルＤＢ事務局より	教員、特に最も身近な担任の意識が変わるだけで、障害児の学習に取り組む姿や学校生活の様子が大きく変わったという報告を頻繁に耳にする。同時に学級全体の雰囲気も変わっていくと。それは、教員のものの見方・考え方・態度が、ときに大きな社会的障壁となって障害児の前に立ちふさがることがあることの証左でもあるだろう。

column2 共に学ぶためのちょっとしたヒント

　どうすればインクルーシブ教育になるの？　これって合理的配慮なの？……と、いろいろ考えて構えてしまっている方はいませんか。子どもを分けない、みんな一緒に学ぼうという思いで子どもたちと向き合っている教員たちの日々のちょっとした実践を紹介します。

★座席はコの字にしています。子ども同士、お互いの様子が分かりやすく、安心感がもてるようです。子どもの変化にも気づき、「先生、〇〇さんが手を挙げているよ」と教えられたこともあります。

★全体に指示を出すときは、指示が伝わりにくい子の顔を見て話すようにしています。一人学習の時は、最初にその子の席から声をかけるようにしています。

★ペア学習で、音読をするときは、教科書は１冊にしています。参加意識が強まります。

★Aさんは教室内で、別のプリントを使って学習していますが、授業中に子どもたちにその内容を紹介するようにしました。Aさんもやる気が出てきたし、周りの子も関わるようになっていきました。

★運動会での騎馬戦。左半身マヒのBさんの参加方法を子ども同士で話し合いをしたら、太鼓の担当をすることになりました。本人も、満足で、達成感と一体感がもてました。

★集団行動や緊張した雰囲気が苦手な子には、卒業式などの式典の練習で、最初から無理やり参加を強制することはしません。練習の様子を見ながら自分の参加方法を考え、少しずつ関わってくるようになりました。

　クラスの環境を代表しているのは担任です。担任がどれだけその子を見ているかで、周りの子の関わり方も変わってきます。どの子もクラスの仲間なのだということを担任が態度で伝えることが大切です。

学級づくり

実践・取組の内容	学級活動への参加
校種	小学校
学年	3年生
社会的障壁は何か 合理的配慮を行う根拠になった障害のある子どもの特徴	Aは、車いすを使用しており、移動に活動制限がある。

実践・取組の展開	(1) Aは、入学時より通常学級に在籍していた。車いすを利用しているAに対しては、必要に応じて教職員が協力し校内移動を可能にする体制をとっていた。また、昇降口やトイレの入り口等の段差解消を要求し、改善してもらった。 (2) 週に1回ある学級活動のうち、月1回を学級のお楽しみ会にした。そのお楽しみ会の内容を考える話し合いを月に1回もち、学級活動として取り組んだ。その際、担任から「車いすの子も参加できるような内容を考えてほしい」と子どもたちに要望した。子どもたち同士でお楽しみ会の内容を考える際に、Aが参加できるようにゲームのルールの修正する必要があるからである。 　子どもたちは、担任の要望を受け止め、車いすでも参加できるように競争することやゲームを考え合って、月1回のお楽しみ会をするようになった。 (3) 修正されたルールでお楽しみ会を楽しんでいたが、子どもたちから「たまには思い切り運動したい。体を動かしたい」という要望があがってきた。また、A自身も、お楽しみ会の内容を制限していることに窮屈な思いを感じるようになってきた。子どもたち同士で話し合った結果、全身を使って楽しむ活動では、Aが審判になり、参加する仕方のバリエーションを増やした。
合理的配慮 社会的障壁を解消するため＝障害がある子どもとない子どもが一緒に学び、育つために行った工夫	(1) 教育内容・方法の変更及び調整 　お楽しみ会の内容及びルールの変更 　　子どもたちは、車いすを利用しているAも参加できるように、お楽しみ会のゲームや競争のルールを修正した。 　　しかし、「たまには思い切り運動してみたい」等の発言を受けて、変更、調整を行う。 　　　↓ 　お楽しみ会の参加の仕方の変更 　　企画内容によっては、Aが審判で参加するようにし、参加する仕方を子どもたち同士で工夫するようになった。 (2) 人的配置に関わる変更及び調整 　新たに配置された教職員はいない。 (3) 施設・設備に関わる変更及び調整 　新たに設置された施設・設備はない。

結果	(1) 障害のある子どもの変化、新たな「つながり」など 　　Aについては、色々な参加の仕方で、お楽しみ会を楽しむことができた。 (2) 周りの子どもの変化、新たな「つながり」など 　　車いすを利用する子どもを中心に企画内容を考えていたが、時々は全身を使う活動も企画し、その際にどのようにしたら車いすを利用する子どもが参加できるのかを考えるようになった。 (3) その他（波及効果など） 　　（2）の体験を経て、車いすを利用する子どもにとってもほっとさせるものになり、自然な関係の（本音を出し合える）中で、学級活動が進められるようになった。
実践、取組を振り返って **課題、感想など**	車いすを利用している子どものことを考えるということは、本音を出し合いながら考え合うことが重要であって、子どもたち同士が無理し、本当にやりたいことを我慢してしまうと、かえってそこに差別が生まれる可能性があると思われる。

なんで、通常学級の合理的配慮ばかり紹介しているの？

だって、通常学級は障害のある子どもが学ぶ環境整備がされてないからだよ。もちろん、大切なのは「分けるのはおかしい」ってことだけどね。

🐥 学級づくり

実践・取組の内容	**相手の気持ちを理解できない？　周りが変わるとなんとかなります**

校種	小学校
学年	2年生
社会的障壁は何か 合理的配慮を行う根拠になった障害のある子どもの特徴	Aは、国語や算数の勉強が嫌いでほとんどやることがない。机に座ることが苦手で、授業中も立ち歩き、廊下や階段で寝転んでいることも多い。気になる友達に唾を吐くなど、いたずらをすることも多い。相手の気持ちを推し量ることは難しい。 学習規律の名の下で静かに座って学習しなければいけないことや子どもを集団で管理するこのような "学校文化" が、共に学ぶ上での障壁になってしまっている。

実践・取組の展開	**(1) Aに対する工夫** 　授業中、立ち歩いたり廊下に出たりしてしまうことが多い。そのことを注意されると、そのうち「僕をクビにしてください！」などと叫んで、軽いパニックになってしまう。Aが落ち着いて過ごすことを優先し、授業中でも立ち歩いてよいことにした。 　Aは歩き回っているなかでも、話を聞いているのか、内容を理解していることも多い。黒板に書いた例題を歩いているAに解くように促した。すると「6引く8はできないから十の位から1借りてきて16……」などというように、友達の発表の真似をして上手に発表することもあった。その時の近くにいる友達に「教科書、見せてあげて」というと大きな声でスラスラ音読することができた。歩き回っている中でも、同じ学習に参加できるように、粘り強く関わり続けることで、学習に参加する機会も生まれてきた。 　ノートを書くことに対しても抵抗感がある。「書きたくない」「友達に書いてもらう、先生に書いてもらう、先生が書いたものを真似して書く、がんばって自分で書く、書かない」などの選択肢を用意し、選ぶようにした。「書かない」「やらない」という選択も認めた。「友達に書いてもらう」ことを選ぶ場合が多かった。 **(2) 周りに対する工夫** 　人の気持ちを理解するということが、まだ難しいAにとって「どうしてダメか？」と理由を説くことは、ほぼ意味をなさなかった。また、「なぜやったのか？」についても、Aなりの理由はあると思われるが、Aが自分の言葉で説明することはできなかった。 　だから、周りの子どもにあまり気にしなくてもいいんじゃないかというスタンスで話をした。「せんせ～、なんにもしてないのに、Aくんが唾吐いてきた～」と子どもが言ってきた時には「そうか～、拭いたら？　ティッシュあげようか？」「洗ってきてもいいよ」「Aくん唾吐いちゃダメよ」などと言って、必要以上に大げさにしなかった。子どもたちも気にしない子は、手でぬぐって終わり。何事もなかったように振る舞う子も何人もいた。 　Aが他の子どもたちと関わりができるように、算数の練習問題では、子ども同士が、教え合うという取り組みをしていた。時間内に終わらなかったり、分からなかったりするところは、やってあげてもよいということにしていた。もちろん

友達ではなく、先生に教えてほしい人はそれを選んでもよいのだが、A は必ず
女の子 5 人を指名し、5 人そろうと、笑顔で練習問題に取り組むことが多かった。

(1) 教育内容・方法の変更及び調整
・A はずっと座ってはいられないので、着席しなければならないという約束事を
なくした。
・学習の活動の仕方に関して、選択肢を用意し自分で選べるようにした。
・周りが A を理解し、受容的な関係を築けるようにした。

(2) 人的配置に関わる変更及び調整
特になし。

(3) 施設・設備に関わる変更及び調整
特になし。

(2) 周りの子どもの変化、新たな「つながり」など
　子どもたちはそもそも多様な存在であるので、学校はその多様性を担保でき
るような"生活の場"でなければならないと思う。しかし、学校は"一斉に皆同じ"
ことを子どもに強いる場面が多いのが現実だ。A に限らず、子どもたち一人ひ
とりの気持ちや感じ方、特徴に柔軟に対応する（絶対的な対応をしない）ことで、
他の子どもも「A だけずるい」という気持ちを持つことはなかったように思った。

　子どもは、"障害" や "人と違うところ" という部分を通してではなく、丸ごと「そ
のまま」友達のことを見ている。特に低学年の子どもたちはそうだ。とても特徴的
な A の「そのまま」が集団に受け入れられるということは、すべての子が「そのま
まの自分」を受け入れられるということだと思う。

実践・取組の内容	友達への手紙
校種	小学校
学年	4年生
実施時期	11月
社会的障壁は何か 合理的配慮を行う根拠になった障害のある子どもの特徴	軽度の知的障害のあるAは、自己表現が苦手で、人と関わることに困難がある。ほとんど話さない。休憩時間も一人で教室で過ごすことが多い。授業時間は静かに座っている。指名されると、困惑した表情を浮かべ視線を落として立ち尽くす。本読みも発言も声が聞こえない。つづり方やノートもエンピツを持った手が止まり、進まない。

実践・取組の展開	2学期も半ばを過ぎて、授業や行事、学級活動など、学校生活の様々な場面で、子どもたちがAを核にした仲間づくりに取り組んできた手応えを感じるようになった頃、もう一つの子どもたちの本音が表れる出来事があった。 　11月の席替えのとき、一つの班がなかなか決まらずもめている。やがてジャンケンをはじめ、ようやく決まったかに見えたとき、Bが一人班から机を離して座り込んでしまった。「Aの隣に座るのはイヤ」という。

(1) 学級会
- ・Bに対して批判が集中するが、しゃべろうとしない。ポツリと、「Aの隣になったら変な気分になる」「なぜですか」「わからん」
- ・クラスの問題も見えてくる。Bだけではなく何人もが、Aに触れると「A菌がつく」と言い合ってふざけていた。
- ・ジャンケンで負けた者がAの隣というのはおかしい……。
- ・担任がAの意見を求めたとき、立ち上がって「そんなこと言われたら、イヤ!」と発言した。普段もの言わぬAの強い口調に誰もが驚いて見つめた。

(2) 学級文集『Aへの手紙』を発行。
- ・子どもたちが自分の言ったこと、やったこと、あるいは経験を思い起こして書いた。Aのことを考えようとするいっしょうけんめいさを感じた。

(3) Aからみんなに宛てた手紙を書く。
- ・放課後、誰もいなくなった教室で、担任と向かい合って書いた。思い出してみる。思い出したことを声に出して言ってみる。声に出したことを、そのまま文章に書いてみる。ゆっくりゆっくりとエンピツが動く。一字書いては止まり、また一字書いては止まる。時折「あいうえおの表」を指で追う。そして一字書く。一つの文を書くと、また思い出しながら声に出す。エンピツを握り、ゆっくり一字一字書きつけていく。2時間半、Aは書き続け、クラスの皆に届けたい一枚の手紙を書き上げた。

(4)「Aからの手紙」を配布して、Aが、みんなの前で読む。

(1) 教育内容・方法の変更及び調整

　　Aに対するクラスの排他的傾向に対し、まず学級文集で『Aへの手紙』を出し、これに対し、Aからのクラスの皆あての手紙を、Aと担任が二人だけで向かい合い、時間をかけて話し合いながら書いた。みんなの前で、全員に届く声で読めるように、二人で読みの練習をした。

　　学級通信で、それらの経過を事件、出来事、子どもたちの動き、として、可能な限りありのままに伝えた。

(2) 人的配置に関わる変更及び調整

　　新たに配置された教職員はいない。

(3) 施設・設備に関わる変更及び調整

　　新たに設置された施設・設備はない。

(1) 障害のある子どもの変化、新たな「つながり」など

　　本読みの声が大きくなり、授業中発言もするようになった。参観日、手を上げて立ち上がったとき、空気が張り詰め、教室中に聞こえる声で発言したときには、親からも子どもからも一斉にため息が漏れた。みんなが注目し期待していたのだと感じた。Aをめぐるクラスの問題がなくなったというのではない。しかしAの視野に、いつも友達が映っているようになったと思う。

(2) 周りの子どもの変化、新たな「つながり」など

　　休み時間も、放課後もAを誘い出して、いっしょに遊ぶ姿がみられるようになった。「朗読会の声が聞こえた」「初めて発言した」「学級会で……」などと、家庭でもクラスの様子、Aの話題が多く交わされるようになったという。

(3) その他（波及効果など）

　　保護者たちの声が、連絡帳や手紙でたくさん寄せられるようになった。特にAについての学級会や文集を出した頃は、心配する声もあったが、Aに対する関心は、クラスの子どもたちへの関心や、取り組みへの共感となって広がって行った。クラスの活動に様々な応援を受けるようになった。

　　Aは自分の文章を読んでほしい相手がいるから、自分の思いを聞いてくれるにちがいない友達がいるから、それを励みにして2時間半も書き続けられたのだと思う。

実践・取組の内容	自ら自分の成育歴を語る
校種	中学校
学年	1年生
教科等	学級活動
実施時期	4月〜5月
社会的障壁は何か 合理的配慮を行う根拠になった障害のある子どもの特徴	Aのもっている障害を生徒は理解していなかった。また、教員も家庭訪問まで詳しい成育歴は知らなかった。 体育の授業でAの動きは遅く、しかも真剣にやっているようには見えないので、Aに対する不満が鬱積し、怒りとなって爆発した。

クラス・集団の問題

Aは、水頭症、口唇裂。小学校入学までに口唇裂の手術と数回の開頭手術を受ける。大きな手術跡があり、発語の聞き取りにくさが残る。小学校ではいじめられてきたようで、妙に怯えたり気をつかったりする傾向がある新入生だった。

中学校の体育は、ハードな内容だった。みんなに必死についていく日々。そんな中でAの動きが遅いため「自分たちにまで迷惑がかかる」ことに、我慢できなくなってゆく。終礼で、Aに対する不満が噴出していた。

その後のスポーツテストの日、踏み台昇降でAの動きが遅く、クラスの男子はAと一緒に何度もやり直しをさせられることになった。そして、ついにAに対する怒りが爆発した。

実践・取組の展開

(1) 生徒に対しては、担任がAの家に家庭訪問するということでその場はおさめた。家庭訪問をし、両親に学校での周りの生徒とのトラブルを報告すると、父親はAの成育歴を教えてくれた上で、「10年の命と言われたAが、12歳になった今でも自分の足で歩いて学校に行っています。私らはそれだけで涙がでるほどうれしいのです。私らはAにもっと速く走れだとか、リズムに合わせて踏み台昇降をしろとかは、よう言いませんわ」と言う。それを聞いて、担任はその成育歴をクラスのみんなに伝えるわけにはいかないか、と問う。父親はしばらく苦悶したあと、「どうせ言うのなら、先生や私が言うより、本人に言わせた方がいいのではないでしょうか」と腹をくくった。小学校の6年間はいじめを恐れて水頭症という成育歴は隠していたのだが、この時点で両親の方針は変わった。

(2) それで急遽Aを呼び、みんなに自分のことを伝えるように説得した。Aもしばらく苦悶した後、ノートに書いていって読むということならやってみるということになった。

(3) 翌日の学級活動の時間、クラスのみんなにはAからみんなに言いたいことがある、とだけ伝えて、Aをみんなの前に立たせた。Aは、文章は書いてきたものの、それを読むのはかなり難しかった。声も小さく、発音も明瞭ではない。自分で書いた文字もきたなくて読みづらく、途中で止まってしまった。でも、Aががんばっているようだ、ということはみんなには伝わったようなので、担任が引き継いでAが書いてきた文を読み、成育歴や前日の父親との話を報告した。

合理的配慮
社会的障壁を解消するため＝障害がある子どもとない子どもが一緒に学び、育つために行った工夫

(1) 教育内容・方法の変更及び調整
　　Aの障害について、本人・保護者の了解のもと、包み隠さずクラスのみんなに伝える。

(2) 人的配置に関わる変更及び調整
　　新たに配置された教職員はいない

(3) 施設・設備に関わる変更及び調整
　　新たに配置された教職員はいない

結果

(1) 障害のある子どもの変化、新たな「つながり」など
　　A自身が自分自身について語ることに葛藤があったこと、それを乗り越えて話をしたこと、このような努力をしたことについて、みんなが認めた。その後、生徒のAに対する不満は全く聞こえてこなくなった。

(2) 周りの子どもの変化、新たな「つながり」など
　　1年生時だけでなく、クラス替えをした2年生時でも3年生時でもいじめは全くなく、Aは3年間、穏やかな中学校生活を送ることができた。1年生時のクラスの友人が進級してもAを守ってくれたのは想像に難くない。

実践、取組を振り返って 課題、感想など

(1) 小学校の6年間、親はいじめを恐れて成育歴を隠していた。周りの子は理由がわからないので、Aの行動にいらついていたのかもしれない。それでいじめが発生していたようだ。しかし、いじめがさらにきつくなるかもしれないが、理解してくれる生徒もいることを期待して、父親は腹をくくって成育歴を明らかにするという方針になってくれた。結果、周りの生徒たちは期待以上に理解し、Aを守ってくれた。

(2) 差別に耐えるのではなく、差別に立ち向かうという親子の姿勢が功を奏したと言える。

(3) また、周りの生徒を信じたことが本当に良かったと思う。腹を割って話せば思いは通じると実感した出来事だった。

学級づくり

実践・取組の内容	多動な子も一緒に食べる給食の時間
校種	小学校（特別支援学級）
学年	1年生
実施時期	通年
社会的障壁は何か 合理的配慮を行う根拠になった障害のある子どもの特徴	Aは、複数の診断名を持つ特別支援学級在籍の男の子。非常に多動・多弁で、興味があるものにすぐに向かう。 　給食時間は、必要な時以外席に座って過ごすことが学校の原則となっている。この原則が、多動・多弁なAがみんなと一緒に食べるための障壁となっている。
実践・取組の展開 学級づくりで心がけていること	(1) Aは給食中立ち歩いたり、興味があるものに向かってその名前を連呼したり、オルガンの上に乗ったりしていた。 (2) 「給食中は座って食べようね」などと他のクラスの子どもたちに投げかけるのと同じよう、様々な方法で注意をした。しかし、なかなか自分の興味や関心を抑えることができなかった。そして、子どもたちもAに対して「だめだよ！」と注意するようになった。 (3) そのうち、子どもたちの注意が厳しくなり、中にはAを羽交い締めにして無理矢理席に座らせる子どもも見られた。 (4) 教員が「座って食べようね」と言うことをやめ、「まあ、どうしても動きたいのだからしょうがない。誰にも迷惑かかってないし、他のみんなも我慢できないなら、ちょっとくらい立ち歩いてもいいことにしよう」と言うと、子どもたちも厳しく注意することがなくなり、給食嫌いの子と早く食べ終わる子数人が立ち歩くようにはなったが、楽しい雰囲気の中、給食の時間を過ごせるようになった。
合理的配慮 社会的障壁を解消するため＝障害がある子どもとない子どもが一緒に学び、育つために行った工夫	(1) 教育内容・方法の変更及び調整 　給食の時間は座って過ごすという原則を変更した。 (2) 人的配置に関わる変更及び調整　特にない。 (3) 施設・設備に関わる変更及び調整　特にない。
結果	(2) 周りの子どもの変化、新たな「つながり」など 　　A自身は相変わらず立ち歩いているが、そうするAの所にいって話しかけたり、冗談を言ったりする子どもが数人現れた。Aも笑顔で楽しそうであった。 　　Aに対して優しく接し、興味が湧いたのか、コミュニケーションをとろうとする子が多くなった。

44

Ａに対してだけでなく、いろいろな場面でのマイノリティ（給食が苦手な子、勉強が苦手な子、運動が苦手な子）に対しても、優しくなった。

実践、取組を振り返って課題、感想など

ほんの些細なことなのだけど、学校の常識を疑い、緩めることで子どもたちの関係が円滑になることは実は多い。その一例だと思う。教員が子どもたちがみんな座って給食の時間を過ごすことが当たり前だと思うと、立ち歩く子どもは、座ることを強要される他の子どもたちにとって、排除の対象になるのだろう。マナーも大切だが、優先順位は何かということを考えていきたい。

column3　学校文化をリセットしてみませんか？

先日、公立小学校の先生と話をする機会があり、その中で合理的配慮の話になりました。そしてその中で話題になったいくつかの実践は、インクルーシブ教育を考える上で大きなヒントとなるものでした。

現在、子どもたちは学校教育の中で様々な学校文化（学校ルール）に縛られながら生活しています。「時間を守り」「集団行動を守り」「先生の言うことを守る」。そして私たちも「子どもたちは守れているのか」「守らせるために何をすればよいか」を考えながら接する……。でも、そんなまなざしで子どもたちを見ていたらお互い苦しいし、この文化に適応できない子は「排除」の方向へ向かってしまう恐れがありますよね。そこで今回この方の実践をいくつかご紹介します。

１．授業は子どもや自分の様子を見ながら、「国語10分→休憩→算数25分→休憩→……」のように柔軟な時間配分で行う（標準時数はクリアできるように調整はしている）。

２．机の配置は基本の配置を口の字型としている。そのため、黒板に対し背中を向けている子も出てくるが、その分授業は子どもたち同士関わり合いながら進めることができている。

３．朝の会・帰りの会や、その際の挨拶に関しては、教員が内容を決めることは一切せずに、子どもたち自身が決めることができるようになっている。そのため、日によって会の内容は異なるし、そもそも挨拶がなかったり会自体がなかったりする日もある。

どうですか？　こういう実践もあるんです。インクルーシブ教育の第一歩として、皆さんも自分の周りの様々な学校文化をもう一度見直してみませんか？

学校の決まりを変える

実践・取組の内容	「号令」、やめました
校種	小学校
学年	5年生
実施時期	4月
社会的障壁は何か 合理的配慮を行う根拠になった障害のある子どもの特徴	Aは、「起立、気をつけ……」等の「号令」が苦手で、落ち着かなくなる。 その結果集団に入れずに、授業や行事に参加できない。

実践・取組の展開

(1) 授業の開始時に、号令をしない。その代わりに、Aを含むクラスの子どもたちが授業のはじまりを意識し、授業に集中できるように、担任が展開を工夫する。
  ◎ 導入では、子どもたちがワクワクできる素材を提供する。
  ◎ 目当てを理解できるように、明確に提示する。
  ◎ 授業全体のタイムスケジュールを示し、全体の流れを理解しながら授業に参加できるようにする。特に、Aにとっては、次に何が起きるのか分かっていることが重要なため、時間の経過ごとに何が展開されるのかが分かるようにしている。

(2) 体育等の授業の開始時でも、号令をしない。Aを含む子どもたちは、担任からの指示が聞こえやすい位置に一人一人が判断して立ち、集合して待つ。Aも、子どもたちと一緒に担任の説明を聞くことができ、自然に活動に参加できるようになった。

合理的配慮

社会的障壁を解消するため＝障害がある子どもとない子どもが一緒に学び、育つために行った工夫

(1) 教育内容・方法の変更及び調整
  号令をやめる。

(2) 人的配置に関わる変更及び調整
  新たに配置された教職員はいない。

(3) 施設・設備に関わる変更及び調整
  新たに設置された施設・設備はない。

結果

(1) 障害のある子どもの変化、新たな「つながり」など
  授業の最初に号令をすることによって、Aは授業や活動そのものに参加できなかったが、やめることによって授業等にスムースに参加できるようになった。
  ただし、専科の担任による授業等では、号令を廃止してはいない。Aは、担任の行う授業に参加できるようになったことで自信をもて、専科の授業で号令をされても我慢でき、柔軟な対応ができるようになってきた。担任との関係で育まれた力が、他の人を拒絶することから受け入れるように変化してきている。

(2) 周りの子どもの変化、新たな「つながり」など

　　Aと同じように号令が苦手な子どもがいるため、その子どもたちも号令をすることで活動に参加しにくかったが、この子どもたちにとっても導入がスムースになった。

(3) その他（波及効果など）

　　号令を使わないことで、子どもたちを強制的に動かすことができないため、担任がどのように説明すれば理解しやすいか、子どもたちが集中できる授業展開や内容の工夫をするようになった。授業中は、子どもたちの表情を見ながら、集中できているかどうかを確認し、集中していない場合には話し方や展開を変更したりするようになった。

　普段からクラスの子どもたちに対しては、子どもたち自身で話し合うこと、その中で決まったことについては当然、担任も従うことを徹底させている。子どもたちによる話し合いの結果、変更されたり廃止された決まりごとは多くある。例えば、朝の会は子どもたちによる話し合いで、不要ということになった。ただし、学校全体のルールについては、一つのクラスの結論だけでは変更できないことや、必要な手続きがあることを説明し、その変更に向けて取り組むことを検討するようにアドバイスもしている。

　Aにとって苦手だった号令は、どうしてもなければならないルールではないということに気が付かされた。むしろ、担任にとって子どもたちを容易に管理するためのものに過ぎないものだと言える。Aにとっては、これらの管理のためのツールによって、かえって集団活動への参加が阻害されていた。そのようなルールを廃止し、担任の側が伝え方を工夫すれば良いことが実感できた。

学校には、障害のある子どもを排除する文化が根強くあるね。だから、障害のある子どももない子どもも一緒に学ぶのが当然になるために、運動は必要だね。

学校の決まりを変える

実践・取組の内容	「やりたくなければ、やらなくていいよ」
校種	小学校
学年	3年生
実施時期	通年
社会的障壁は何か 合理的配慮を行う根拠になった障害のある子どもの特徴	Aは、できないことがあって、クラスのみんなから遅れるのを非常に気にし、落ち着かなくなる。そのような時は、イライラしたり、興奮して、「死ね！」等と周囲の子どもや担任を罵ったり、机を足でけり上げたり、担任を叩いたりけったりすることがある。 これまでは、Aが興奮していわゆる「暴れた」状態になると教室から別室に連れ出され、落ち着くまで他の教員が対応していた。
実践・取組の展開	学校生活では、担任＝人として「子どもたちを困らせない」「苦手なことを無理にやらせない」ように心がけている。例えば、「3分で、感想をノートに書こう」と言うように、時間を区切って一斉に活動を終わらせるように指示するなど、遅れたら大変だ！　と焦らせるような指示はしないようにしている。 「できても、できなくても、たいしたことないでしょ」と、自分のペースで活動に取り組めばよいと伝えている。 Aだけではないが、できるだけクラスの子どもの一人ひとりの気持ちに合わせて、柔軟に対応するように心がけて学級経営をしている。
合理的配慮 社会的障壁を解消するため＝障害がある子どもとない子どもが一緒に学び、育つために行った工夫	(1) 教育内容・方法の変更及び調整 　Aに対する工夫の例：Aが爆発しないように様々な対応が必要なので、ほんの数例のみ ①Aの座席は、教師机の横に 　座席は、クジで決める。その際に、前の方の席になりたい子どもたちは、前の席に座れるようにし、Aは教師机のすぐ隣に座りたがるので、その席はAの席として、クラスの子どもたちにも承認されている。教師の机の隣の席では、比較的落ち着いて座っていることができる。この他にも、Aが座ることができる机と椅子が別にある。したがって、Aは自分の気分に合わせて席を選ぶことが可能になっている。 ②Aが終わるまで、待つ 　子どもたちが、授業中に課題に取り組んでいる時には、Aが終わるまで次の課題を伝えないようにする。Aが課題に取り組んでいる時に、急かすと中断させてしまう可能性があるので、終わるまで、のんきに待つ。 ③「書きたくない」「じゃあ、書いてあげるよ」 　板書をノートに書いていたが、次第にイライラしだし、やりたくないと言い出した。このような時は、Aがなぞり書きできるように、担任がAのノートに下書きを書く。「じゃあ、やるか」となることもある。 ④「漢字練習、いやだ」「わかった、じゃあやらないでいいよ」 　Aは漢字練習が嫌い。途中でやりたくないと言い出すことが多い。「やりたく

ない」「分かった、いいよ」。Aは、教室で好きなことをして過ごす。例えば、箒を出してきて、掃除をしたりすることもある。

(2) 人的配置に関わる変更及び調整
　　新たに配置された教職員はいない。

(3) 施設・設備に関わる変更及び調整
　　特になし。むしろ、教室の外のクールダウンのための部屋は使わない。

結果

(1) 周りの子どもの変化、新たな「つながり」など
　　Aへの担任の対応は、クラスの子どもたちは特別扱いだと思っているかもしれない。Aだけに特別な対応をしているのは、事実だからだ。ただし、Aにはこの対応が必要だということは子どもたちが理解していると思いたい。
　　だからという訳ではないが、先に述べたように、一人ひとりの子どもに対して、できる限り個別に対応するようにしている。子どもたちを追い込まずに、逃げ道があるのは良いことだと思うので、どの子どもに対しても可能な限り逃げ道を作ろうと思っている。

インクルDB編集委員より

　「できても、できなくても、たいしたことないでしょ」「やりたくなければ、やらなくていい」と担任が子どもたちに言うのは、一見「教える」ということそのものを放棄しているようにも聞こえる。しかし、実際には担任からの温かい眼差しとともに、Aには教室で自分のペースで学ぶために必要な「呪文」になっている。

　ただし、「やらなくたっていいんだ」と担任が「呪文」をかけても、子どもたち自身は「真面目に」学ぼうと日々格闘する。Aは、特にその呪縛から逃れられず、だから、苦しんでしまう。
　この取組みからまず学ぶのは、子どもたちがいかに学校という空間の中で、できることを求められ、完全であることが良いこと、１００％を目指せと強要されているという事実だ。そのような空間で、担任が「がんばりすぎるな」と異なる価値観をもって接することは、非常に重要なことになる。
　当然だが、学校だけができること＝良いことという価値を生み出し、再生させる訳ではない。家庭や地域の中でも、子どもたちの生活はあるのだからそう単純ではない。

　できることが良いことという重圧に耐えかねて、なおかつ、自身の感情の発露のさせ方を「上手にできない」Aは、「できなくてもいい」と単純に開き直ることもできず、だから余計にイライラし興奮してしまう。この取組は、担任ができることにこだわらない価値観を提示することで、Aに「オアシス」のありかを教えていると言える。

学校の決まりを変える

実践・取組の内容	**教室の机の配置を変えるだけでも！**
校種	小学校
学年	3年生
実施時期	通年
社会的障壁は何か 合理的配慮を行う根拠になった障害のある子どもの特徴	Aは知的障害があり、特別支援学級に在籍しつつ、すべての時間を通常学級（原学級）で過ごしている。支援学級の担任が1日1時間程度原学級に入り、Aや困っている子どものサポートをしている。2年生までのAは、授業に集中できず、教室を飛び出すことも頻繁にあった。
実践・取組の展開	(1) 教室の座席は、一人ひとりが黒板に向かって机を前にして座っているのが一般的と言ってもいいだろう。しかし、必要に応じて変幻自在に変わるべきだと思っている。 　例えば1年生を担任したときには、朝の教室に入るとみんなで机といすを後ろに運んで、部屋の真ん中に座る担任の周りに、お尻を着いて取り囲む。そこで、1日の予定を伝えたり、絵本を読んだり、友だち同士のお話を聞きあったりすることもある。しっかり聞いてほしいことがあるときは、「机といっしょにおへそをつないでください」と言えば、担任に対し扇形に向き合うことになる。 　普段から、低学年でも高学年でも「コの字型」の並び方を基本にしているので、Aを担任したときも「コの字型」の机といすの配置をした。 　3年生になって、Aは落ち着いてみんなと一緒に学習に取り組むようになった。もちろん様々な要因が考えられるが、教室の「机の配置」もその大きな要因となったのではないかと考えられる。
合理的配慮 社会的障壁を解消するため＝障害がある子どもとない子どもが一緒に学び、育つために行った工夫	(1) 教育内容・方法の変更及び調整 　一斉授業で用いられるいわゆる「教えやすい」机の配置ではなく、Aが安心して授業に臨める机の配置に変えた。この配置でAが困っていることを発信すると、それに気が付いた子どもが手伝ったり、教えたりすることで、学び合いが生まれる。 (2) 人的配置に関わる変更　なし (3) 施設・設備に関わる変更及び調整　なし
結果	(1) 障害のある子どもの変化、新たな「つながり」など 　Aの表情はとても明るい。授業中でも友だちの顔が見えることを喜んでいるように思える。そして、友だちのやっている姿を見ながら、時にはまねるようにもして、学習に取り組んでいる。手を挙げること、立って発言することもやり始め、授業中の態度が積極的になってきた。

(2) 周りの子どもの変化、新たな「つながり」など

　　周りの子どもたちも、Aの表情や姿が見えるので、授業中でも声をかけて教えたり、作業を手伝うことが自然に生まれてきたように思う。「A、こんなことしてるでー」と紹介したり、「Aの言いたいのはこういうことやと思う」などと、Aに寄り添って考える言葉や態度が現れるようになってきた。

(3) その他（波及効果など）

　　Aだけではなく、子どもたち同士が声を掛け合うことが多くなり、授業の中の話し合いも活発になってきた。クラス全体で学び合うという関係ができてきたように思う。

実践、取組を振り返って　課題、感想など

　　全員が列をつくって前を向いた座席では、子どもたちは友だちの背中と後頭部を見ることになる。それが1時限、2時限……5時限と続けば、しかも毎日となれば、落ち着かず不安になるのではないだろうか。「コの字型」にすると、「よそ見」ができる、友だちの顔が見える、表情や姿が見える。互いの表情を見ながら進める授業は、安心を生み出すのだと思う。

　　日本の学校では小学校に入学したらすぐに、勉強は孤独で不安なことだと、恐怖を植え付けられてしまう。いつの間にか「勉強は一人でするもの」と刷り込まれてしまうので、「わからない」ときも、なかなか声に出して言えない。勉強が「できる・できない」は自己責任にされてしまっているといってもよい。

　　自分の考えと友だちの考えを交流しながら話し合うことも苦手である。「学び合い」ができない仕組みになっている。

　　一見些細なことのように見えるけれど、机の並び方ひとつにも日本の学校教育が根強く抱える大きな問題が反映していると思われる。

　　座席の並べ方を変えるだけでも、Aの表情や態度が変わり、Aだけではなく、クラスの雰囲気が積極的になり、子どもたちの学び合う姿が生まれてきたように感じている。

学校の決まりを変える

実践・取組の内容	「特注」時間割の活用術
校種	小学校
学年	5年生～6年生
社会的障壁は何か 合理的配慮を行う根拠になった障害のある子どもの特徴	Aは、学校生活を見通しをもって過ごすことが難しい。また、急な予定変更に対応できないことがある。そのことによって、授業や行事に参加できない。

実践・取組の展開

(1) 担任がAの時間割を手書きで作成し、手渡す。作成にあたって事前にAと話し合い、どの科目にどのように参加するのかを決め、A専用の個別の時間割として手渡す。Aは将来の自分の生活を見通して、「漢字は必要だから国語は必ず参加する」等を判断している。

　1週間の時間割には、科目、単元、その日の展開、行われる場所について記載している。例えば国語では、次のようになる。

　　例：「大造じいさんとガン」前文の読み取り（全員で音読→一人読み
　　→意見交換→感想記入）（教室）

(2) 授業毎に、単独で行う学習なのか、グループで行うものなのかが予測できるようにする。また、担任から課題が提示され、それについて話し合いが予定されているのかも事前に予測できるように工夫した。例えば、家庭科は、次のように記載している。

　　例：家庭科　「ミシンを使おう」9月に注文した布を使って
　　ランチョンマットの製作（はじめの15分は、説明）
　　＊ミシンは1人1台
　　＊生活班でかたまる
　　＊質問が多くきちゃうかも　　（家庭科室）

(3) Aにとって個別の対応が必要になった時に、一緒に時間を過ごすことになる教員の名前を時間割表に記載している。この時対応するのは、専科等で空き時間になっている学年の教員で、Aがクラスメイトと同じ空間にいられない時に、その教員と一緒に時間を過ごすことになる。Aにとっても、いつ誰に援助を求めることができるのか明確になり、安心して登校できるようになっている。

(4) 個別の時間割によって見通しをもって安心して学校生活に参加できるようになってきたことや、急な予定の変更があっても説明することによって納得でき、その変化に対応できるようになってきた。

(5) 特注の時間割は、Aが6年生になった時にはやめ、口頭で説明することで対応できるようになっている。また、学年の教員の応援によって個別対応の時間が必要であったが、5年生の後半からはその対応も不要になってきたため、配置していない。

(1) 教育内容・方法の変更及び調整

　　［第1段階］

　　A専用の時間割を作成して手渡す。

　　時間割があることによって、その日の授業で何をするのか具体的に把握できるようになり、見通しをもって学校生活を送ることができるようになった。

　　　　　　　　↓

　　［第2段階］

　　特注の時間割に慣れてきた頃、A本人が「中学校に入ったら、こんな時間割はないよね。だから、こんな細かい時間割はいらない」と言ってきたため、時間割に記載する内容を省略して手渡すように変更する。

　　　　　　　　↓

　　［第3段階］

　　A本人が、「特注の時間割がなくてもやれる自信がでてきた」と言ったため、専用の時間割を渡さなくなった。必要な情報については、その都度説明している。

(2) 人的配置に関わる変更及び調整

　　新たに配置された教職員はいない。

　　学年の教員が、Aに個別の支援が必要になった時に対応する。科目毎に、誰が対応するのかを明らかにしている。ただし、5年生の後半からは、個別の教員の配置はされていない。

(3) 施設・設備に関わる変更及び調整

　　新たに設置された施設・設備はない。

....

結果

(1) 障害のある子どもの変化、新たな「つながり」など

　　　特注の時間割があることによって、Aは授業に対する恐怖感が薄まり、何を授業で行うのかを具体的なイメージをもって参加できるようになった。

　　　授業に参加できなかった時には、特定の子どもとだけの関係しかもてなかったが、授業に参加できるようになり、授業の活動の中で意見交換などを通じ、自然な関わりがもてるようになった。

(2) 周りの子どもの変化、新たな「つながり」など

　　　クラスの子どもたちは、Aに対してプレッシャーをかけないように気を遣いつつも、Aが授業に参加する姿を応援する姿勢をみせた。あたかも以前からAが参加していたように、自然な振る舞いをしていた。

....

実践、取組を振り返って
課題、感想など

　　Aにとっては、未知のものは、全てが恐怖になる。その恐怖は、何が起きるのか等、今後の展開等の中身が分かることによって、軽減できる。

　　また、授業等について見通しがもてない恐怖感を安心感に変えることが非常に重要だと考えた。特注の時間割は、Aにとっての道案内役になったと思っている。ある一つの活動に参加できたことで、「これができるならあれも」と参加できる幅を広げていった。参加できる授業が多くなると、Aの周辺の人間関係も特定の子どもから広がり、クラス全体に広がっていった。

学校の決まりを変える

実践・取組の内容	校内放送を聞こう
校種	小学校
学年	5年生
実施時期	4月〜6月までの給食の時間
社会的障壁は何か	・スピーカーから流れる音を嫌う。
合理的配慮を行う根拠になった障害のある子どもの特徴	・ものに対するこだわりがある。例えばスイッチの向きにこだわり、他の教室のスイッチをオフにしてまわることもあった。 ・自閉的傾向があり、一人でいたがる傾向がある。

実践・取組の展開

(1) Aは、特別支援学級籍で1年生から普通学級で過ごしている。1日2〜3時間の授業時間と休憩時間等には、特別支援学級の教員が入り込みをして、支援をする。

(2) Aは、放送などスピーカーから流れる音が特に苦手なため、4年生までは、校内放送のスイッチをオフにして放送が聞こえないようにしてきた。重要な放送がある時は教職員がAを抑え、放送内容を聞いてきたが、それ以外の時間はスイッチを切った状態になっていた。

(3) 5年生の始業式の日に、同じクラスになったBは、Aと同じクラスになったために給食時の校内放送が聞けないことを「最悪だ」と担任に言い、不満だという態度をあらわにした。Bは、これまでずっとAと同じクラスだったので、校内放送を聞くことができなかった。

(4) 担任は、Aが辛くない、なおかつ、Bのように校内放送を聞きたいクラスメイトも満足できる在り方を考える必要が出てきた。これまでAには校内放送のスイッチをオフにするという合理的配慮が提供されてきたが、その内容を変更、調整しなければならない。

そこで、Bがリーダーになってチームで対応策を考えてはどうかと投げかけたところ、Bは5人の仲間を早速集めた。この6人と担任とで、なぜAは放送を聞けないのかを話し合った。「スピーカーが怖いんだって」「音が大きいからかな」「知らない曲ばかりだからかな」「でも、Aは歌は好きだよね。よく歌ってるし」など。そこで、Aの好きな歌を流してみることになった。

①好きな音楽をスピーカーから流す

Bたちは、早速、Aの母からAの好きな音楽を教えてもらい、放課後の教室でAと一緒に曲を聞こうとした。しかし、Aは耳を手で塞ぎ、イライラした様子で、スイッチをオフにしてしまった。

②好きなDVDの映像をテレビから、音声をスピーカーから流す→音声のみをスピーカーから流す

英語の授業の時には、テレビのスピーカーから流れ出る英語の歌を消しにいかないことにBたちは気づいた。「そう言えば、テレビは大丈夫だった」「これまでもテレビを消すことはなかった」「でも、授業中だったからじゃないの?」「映像があったから、大丈夫だったのかな?」

次の日、Bたちの会話を聞いていたクラスメイトが、「これで試してみれば?」と、Aが好きだというアニメのDVDを持ってきてくれた。そこで、テレビで映像を映し、スピーカーから音声を流すことにした。Aがスピーカーに近づいたのでスイッチを切るのかとクラス全体の緊張が高まったが、実際にはニコニコ顔で音量を上げにいったのだった。

ならばと、DVDの映像を消し、音声のみにしたところ、Aは一瞬戸惑ったようだったが、給食を食べ続けていた。この音源をスピーカーから何日も流し続け、このスピーカーからの音ならば不快にならないことが確認できた。

54

③スイッチへのこだわり

　Bたちの目標は、あくまでも校内放送をAと聞くことにあった。しかし、Aは他の教室の校内放送のスイッチをオフにしてまわっていた。その様子をBは見ていて、「放送が怖くないって分かったら、Aも安心できると思う」と言っていた。

　担任がAの様子を見て、スイッチの向きにこだわっているのではないかという印象をもつようになった。そこで、Aの好きなイラストでスイッチを覆うようにしたが、Aはそのイラストをビリビリと破ってしまった。見えないことが、余計に気になるのだった。

　ある日の掃除の時間に、Aが教室に入ってきたのを見て、クラスメイトがスピーカーのスイッチをオフにした。この時、何人かのクラスメイトが、「あぁ～」と落胆の声を発した。その後、スイッチをオンにして「おぉ～」と歓声をあげた。

　Aにはこの反応が面白かったようで、オフ＝落胆の声、オン＝歓声の動作をAが繰り返し、それにクラスメイトは根気よく付き合っていた。このAとクラスメイトとの「寸劇」は、この後も数日間続けられた。このことによって、Aのスイッチの向きに対するこだわりが弱まることになった。

　再び、スイッチをAの好きなイラストで覆ってかくしたところ、Aは校内放送がはじまった時にスイッチに近づいたが、「貼っておいてよ」と言うクラスメイトからの声かけで席に戻り、スイッチをオフにしなかった。この日、校内放送をはじめてみんなで聞くことができた。

....

合理的配慮
社会的障壁を解消するため＝障害がある子どもとない子どもが一緒に学び、育つために行った工夫

(1) 教育内容・方法の変更及び調整

　第一段階：Aにとって不快な校内放送が聞こえないようにするため、スピーカーのスイッチをオフにする。

　　　　　　クラスメイトからの校内放送が聞けないという不満が元になり、変更及び調整を行う。
　　　　　　　　　　　　↓

　第二段階：校内放送の代わりに、Aの好きなＤＶＤの音声を流す。

　　　　　　校内放送を聞けていない状態には変わりないことから、再び、変更及び調整を行う。
　　　　　　　　　　　　↓

　第三段階：スイッチに対するこだわりを弱めることで、校内放送を聞くことができる。

(2) 人的配置に関わる変更及び調整　特にない

(3) 施設・設備に関わる変更及び調整　特にない

....

結果

(1) 障害のある子どもの変化、新たな「つながり」など

　Aは、苦手な音楽がかかると音量を下げに行くことはあるが、スイッチを切ることはなくなった。

(2) 周りの子どもの変化、新たな「つながり」など

　Aと一緒に校内放送を聞きたいという子どもたちの思いから、Bを中心に色々な作戦を考え、実行することができた。クラスメイトは、これまでAに対してどのように対応したら良いのか、関わり方が分からないようだった。しかし、Aにとって校内放送がいかに不快かを理解することを通じて、「校内放送が聞けないのは最悪」というAを否定する状態から、Aとの関係を再構築することができた。

(3) その他（波及効果など）

　林間学校の時には、Aがホームシックになり泣き出している様子をクラスメイトが見て、自分も同じように寂しい気持ちだと告白するような場面が見られた。Aが、素直に感情を表現している様子に、クラスメイトも気持ちを安心して表現することができたのだろう。

　A自身は、クラスメイトの存在に刺激を受けて、この後の運動会等の様々な場面で、我慢できたり、頑張ったりすることができた。それに、クラスメイトも呼応し、「Aが頑張っているのだから」と、新たな挑戦に挑んだりすることができるような関係性が生まれた。

校外学習

実践・取組の内容	長縄跳び
校種	小学校
学年	全学年
実施時期	4月
社会的障壁は何か 合理的配慮を行う根拠になった障害のある子どもの特徴	Aは、先天性四肢損傷により両足に補装具を着装している。 一人で歩けるが、長い距離をクラスメイトと同じペースで歩くときは、車いすを使用する。
実践・取組の展開	(1) 本校の全校遠足は、１年から６年生による縦割り班が編成され、班毎に課題を解決するオリエンテーリングを行っている。課題の一つに、長縄跳びがあり、「班員全員が跳び、その回数を競う」課題があった。 　　Aは3年生だが、１年、２年生のときは、「長縄跳び」の課題では、見学をしていた。Aが２年時には、「明らかに参加できない児童がいる課題設定は問題ではないのか」という意見が反省の記録に書かれていた。 (2) そこで、長縄跳びの課題を全員で一緒に跳んだ回数から、「２分間で何回跳べるか」に変更し、「跳ばずに上手に走り抜けた場合もカウントする」と変更し、Aが参加できるようにした。 (3) 歩いて移動するため、場面によってはAは車いすを利用し、他の班のメンバーと一緒に行動するようにした。その際に、支援員がAの車いすの移動を支援した。
合理的配慮 社会的障壁を解消するため＝障害がある子どもとない子どもが一緒に学び、育つために行った工夫	(1) 教育内容・方法の変更及び調整 　　Aが参加できるように、長縄跳びのルールを変更した。 (2) 人的配置に関わる変更及び調整 　　移動の支援のため、教育委員会から「学校支援員」を派遣した。 (3) 施設・設備に関わる変更及び調整 　　新たに設置された施設・設備はない。
結果	(1) 障害のある子どもの変化、新たな「つながり」など 　　Aは全力を出して走り抜けていた。時には、縄のタイミングに間に合わずに、ひっかかることもあった。 　　歩くことが大変になったときには、車いすで移動し、すべての課題に参加できた。 (2) 周りの子どもの変化、新たな「つながり」など 　　以前のルールでは、低学年や縄跳びが得意でない子が、失敗をしてしまうと、全体として達成感のない課題となっていた。ルールを変更することによって、それぞれの子どもが跳び方や走り抜け方を考えることができ、皆で一緒に参加できるという一体感が生まれた。

(3) その他（波及効果など）

　　職員同士で「合理的配慮」について話をすることができた。

　　このことをきっかけにして、災害等の避難でAへの対応は十分なのかという検討が行われた。そして、避難時の人的体制の整備につながった。

実践、取組を振り返って 課題、感想など	(1) 全校遠足の大きな目的は「縦割り班で互いのつながりを深める」ことで、ルールを変更しても、この目的は十分達成できた。しかし、体育の長縄跳び等、競技として行う場合は、どのような変更や調整が可能なのかを検討する必要があるだろう。
	(2) この地域には、6年生の「連合運動会」があり、その種目に長縄跳びの回数を5分間で競う競技がある。大会要項には「車いすで走り抜けた場合は1回とカウントする」とあり、車いすでの修正ルールはあるが、知的障害や発達障害によって、跳ぶことが難しい（または時間がかかる）子どもの場合は、どのような対応が可能なのかをさらに検討をする必要があるだろう。

合理的配慮って、何をすれば良いの？
これをやれば良いって、決まっているの？

合理的配慮は、実は、これが正解というものはないよ。
差別をなくすためには、色々な方法があるんだ。
だから、色々と試して、変更したり調整するのが大切なんだ。もちろん、差別は解消されないとダメだよ。

実践・取組の内容	車いすで山へ遠足
校種	小学校
学年	3年生
実施時期	5月
社会的障壁は何か 合理的配慮を行う根拠になった障害のある子どもの特徴	Aは、車いすを使用しており、移動に活動制限がある。

実践・取組の展開	(1) Aは、入学時より通常学級に在籍していた。車いすを利用しているAに対しては、必要に応じて教職員が協力し校内移動を可能にする体制をとっていた。 　　昇降口やトイレの入り口等の段差については、解消を要求し、改善してもらった。 (2) 30分ほどで登ることができる山への遠足が企画された。Aの移動のために引率者の人数を増やして、対応することにした。 　　平坦な道は、Aはみんなと一緒に移動したが、登りになり車いすでは移動が難しいところは、担任、管理職、用務主事など、交代でその子をおぶって移動した。すぐにへとへとになってしまうので、交代しながら、山頂に到着した。 　　下りも同様にして、移動し、全員で遠足を楽しめた。
合理的配慮 社会的障壁を解消するため＝障害がある子どもとない子どもが一緒に学び、育つために行った工夫	(1) 教育内容・方法の変更及び調整 　　Aにも山登りを経験してもらうため、あえて、計画内容を変えなかった。 (2) 人的配置に関わる変更及び調整 　　校内配置で用務主事など引率者の数を増やした。 　　その際に、保護者には、付き添いを要求しないことを原則とした。 (3) 施設・設備に関わる変更及び調整 　　新たに設置された施設・設備はない。
結果	(1) 障害のある子どもの変化、新たな「つながり」など 　　みんなと楽しく参加できていた。 (2) 周りの子どもの変化、新たな「つながり」など 　　声をかけ合いながら登ることができた。 (3) その他（波及効果など） 　　Aをおぶって登るのは大変だったが、一緒に山登りができたことで、充実した遠足になった。
実践、取組を振り返って 課題、感想など	車いすを利用しているので山登りは無理だと参加を諦めさせるのではなく、やってみること、可能性を探って工夫してみることが大切である。

column4　交流における合理的配慮

　特別支援学校や特別支援学級に在籍する児童が通常学級に交流する場合の合理的配慮はどうなっているのでしょうか。特別支援学校（学級）のプログラムとして行われているので、支援の延長線と考えられがちです。この場合、支援学級の担当者が交流学級（以下、クラス）に付き添い、交流先で支援を単に継続するするならば、支援は継続しても、交流先での学習を実現するための合理的配慮は提供されていないということになります。

　交流の目的は同学年の子ども同士の関係性を築くことです。特別支援学級の担任（支援担）が付き添っての交流では関係性は築けません。そこで、支援担はクラスの入り口までにして、あとは担任に任せ、クラスの中で必要な合理的配慮を提供する。学習内容もそのクラスで行われている学習を本人のために変更調整する。支援としての交流を、インクルーシブを目的とするものとするためには、クラス内で支援の延長線ではない合理的配慮を提供する必要があります。

　以下のような実践事例があります。
・特別支援学級の子が1日2時間、教科は問わず時間交流する場合、同学年のクラスを交流学級とし、最初支援担が隣の席につくこともあるが徐々に離れ、担任に任せるようにし、周りの子が気にかけてくれるように工夫する。
・教科の内容については、その子ができることを探し、クラスの一員として発表の機会も飛ばさない。算数の時間は、例えば数字をなぞることもあるし、国語の時間では発語のない子は、隣の席の子か先生と一緒に読み、絵を目で追う。
・体育も、強制的にクラスの子どもと同じことをさせるのではなく、その子のできることを一部でも探し、参加の機会を増やしていく。
・順番を待てなかったり、協調できない子の場合でも、集団行動をしない子だからということで決して排除しない。目の届くところでの単独行動を認めることも配慮の一つ。
・学級会で多数決をする場合も、例えばマグネットを使って選択にするとかして、意思表示の方法を工夫する。

　33人のクラスに特別支援学級の1人が交流すれば、34人学級として、34分の1としてクラスの一員となるのです。そのために学習内容やクラスの中でのやり方を変更調整することが問われています。

実践・取組の内容	一緒にいたい！
校種	小学校
学年	3年生
実施時期	4月〜3月　1年間
社会的障壁は何か 合理的配慮を行う根拠になった障害のある子どもの特徴	自閉症のAは、在籍は特別支援学級。普通学級で学習をすることがあるが、それは週に1時間だけに限られている。
クラス・集団の問題	2年生の修了式で受け取った通知表を破り捨て、イスを投げつけて教室のガラスを割ったB、暴力行為が絶えないCや、保護者たちの不満等々、様々な問題があると引継ぎの報告を受けていた学年とクラスであった。

実践・取組の展開

　知的障害のセンター校でもある学校に在籍する自閉症の障害のあるAは、校区外から通学バスで登下校する。クラスの授業には週1時間の体育だけ、支援学級の担当者に付き添われてやって来る。それ以外の教科も、学級活動も、給食の時間も支援学級で過ごしている。

(1) 最初の体育の時間、支援担に手をひかれて運動場にやって来たAは、「走」の授業に参加しない。保育園で一緒のクラスだったCが、「A走るぞ」と誘うが、担任の陰に身を隠す。Cは何度も声をかけ、手をつないだりする。

(2) 「週に1時間、これは寂しいよ」と、子どもたちの前で担任は本音を漏らした。

(3) クラスの遊び係が、「Aさんとの交流会」を計画。支援担に話しに行き、交渉する。あきらめず何度も話して2時間を確保する。ゲームやプレゼント交換のにぎやかな交流会。

(4) 様々な変化が現れる。（母からの子どもたちへのお礼の手紙、毎日の連絡帳、Aの話題が頻繁に、班づくりにAの取り合い、「もっと一緒にいたい」と声も上がる）

(5) 毎日登校したら教室に来て挨拶して、しばらく過ごす。絵を描いたり。

(6) 給食も一緒に食べる。当番と準備も。

(7) 第2回交流会。母を招待して、Aの生い立ちや願いなどを話してもらう。

(8) 他教科の授業も一緒に取り組みたいと、保護者、支援担に話す。支援学級の会議や職員会議にも提案。

　体育、図工、様々な学級活動、給食、朝の挨拶……など、とにかく毎日クラスに来て、一緒に活動するようになった。その動きを、子どもたちは家庭でも話し、学級通信や、懇談会、日常的な連絡帳などを通して、他の保護者たちも知り、話題が広がって行く。

合理的配慮

社会的障壁を解消するため＝障害がある子どもとない子どもが一緒に学び、育つために行った工夫

(1) 教育内容・方法の変更及び調整

　週1時間の交流から、週2時間、毎朝教室に来て挨拶をしてしばらく過ごし、給食にも参加と時間を増やした。

　子どもたちが考え、話し合い、計画して行動するための時間と場所を、できるだけ保障する努力をした。

Aの母からの手紙を子どもたちに読んだり、経過を学級通信で、保護者たちに詳しく知らせるよう心掛けた。

(2) 人的配置に関わる変更及び調整
　　新たに配置された教員はいない。

(3) 施設・設備に関わる変更及び調整
　　新たに設置された施設・設備はない。

結果

(1) 障害のある子どもと周りの子どもの変化、新たな「つながり」など
　　Aの変化は日々顕著にみられる。周りを見ながらまねるように行動し、また一つ一つの出来事に対応していく。その変化を周りが見つけて、Aの変化を喜び、楽しむように、さらに期待して関わりを増して行った。Aの他にも課題を持った多くの子どもたちがいたが、むしろAとの関わりを軸にして、学級集団が育って行った。保護者たちは、Aの変化、気になる子どもたちの変化、学級集団の変化を肌で感じながら、応援してくれる雰囲気が生まれてきた。

(2) その他（波及効果など）
　　国語の授業で金子みすゞ『わたしと小鳥とすずと』に取り組んでいるとき、最後の1行の「みんなちがって、みんないい」について意見が交わされた。「ちがっているのがあたりまえ」「ちがっていることがたいせつなんだ」という意見が大勢を占め、まとめかかったとき、Cが手を上げて発言した。授業中集中できず、「オレ勉強ぜんぜんわからん」とあっけらかんと言い放つCは、宿題もやらないし、ましてや手を上げて発言するなど誰も予想だにしなかった。「オレは、そう思わない」「だってな、Aはジヘイショウという障害がある。みんなとちがう。ちがうから、みんなと一緒に遊んだり勉強したりできない。……オレ、Aも一緒にいてほしい」。次々と反対意見が出る。その一つ一つに手を上げて反論する。発言する者を見つめ、聞き逃すまいと真剣に聞き耳を立てる、周りで音がすると「静かにして、聞こえない」と注意する。そして言葉を探すようにゆっくりした口調で続ける。「交流会じゃなくて、いつも一緒にいたい」「みんなと一緒がいい」。その言葉は、「みんなちがって、みんないいというなら、なぜ分ける?」と、一人の友だちに寄り添うことで、担任の考え方や学校の仕組みまでを厳しく批判しているように聞こえた。

実践、取組を振り返って課題、感想など

(1) Aが何ができるようになったのかが大切なのではない。Aと周りの子どもたちが、Aの両親やクラスの保護者を巻き込んで、1年間を共に過ごしたという事実が、一人ひとりにかけがえのない経験を刻み付けたと思う。

(2)「Aが一緒にいない」ことが当たり前で無関心だった子どもたちが、「一緒にいない」ことに疑問を感じ、「一緒にいたい」と強く希望するようになった。その変化は、Aと共に過ごす時間の長さに比例しているように思われた。

(3)「分ける」ことが前提になっている学校においても、インクルーシブ教育は取り組めるし、また取り組まねばならないのだと思う。ミニ支援学校ともいえる支援学級のセンター校方式は、市内の保護者や教職員の粘り強い要望によって、廃止に至った。

交流及び共同学習

実践・取組の内容	**交流学級（クラス）の過ごし方**
校種	小学校
学年	1年生
実施時期	通年
社会的障壁は何か 合理的配慮を行う根拠になった障害のある子どもの特徴	集団行動が苦手で子ども同士の関係を築きにくいため、支援級担任とのやり取りが中心になってしまう。交流学級（クラス）の一斉授業の授業内容、スケジュールについていけない。

実践・取組の展開

Aは、ほとんどの時間を交流学級（クラス）で過ごす。朝はその日の予定だけ支援級で確認して（写真や絵入りのものを白板に掲示してある）、かばんや荷物はクラスにおきに行く。靴箱、ロッカーはクラスの中で名前順で入っている。

支援級担任が別の教材などを作ったりして個別指導的なことも行ってきたが、できるだけ個別の支援も交流先のクラスの中で行うようにしてきた。

基本的に交流クラスで過ごしていくので、T1は基本的にクラス担任である。だから、支援級担任とクラス担任との連携やコミュニケーションは欠かせない。

学期初めであれば、出席番号は名前順で入れてほしいこと。それに応じてロッカー、靴箱、日直などすべてクラスの中で用意してもらうこと。配布物もクラスでもらうこと。

学習中は、机間指導しているときの声かけ、音読や発表の順番も同じようにあててもらうこと。また、必要な配慮ができるようにあらかじめ学習内容を聞いておくこと。どうしても、支援級担任がそばについていると、クラス担任のその子に対する指導が後回しになったり、クラスからその子自体が見えなくなってしまうこともある。だから、支援級担任も離れられるときには、周りの子にフォローをお願いするなどして、距離を取ることなども意識的にしていた。

支援級の担任がAの側にいると、Aも支援級の先生に関係を求めてしまい、周りの子どもたちもその先生が見ているからぼくらは関係ないと思ってしまう。さらには、その子の存在すら見えなくなってしまう。

合理的配慮 社会的障壁を解消するため＝障害がある子どもとない子どもが一緒に学び、育つために行った工夫

(1) 教育内容・方法の変更及び調整

・Aのスタイルで学べるように、学習時間・内容を変更・調整した。

Aにとって負担が大きくなってきたと思ったときには、45分を細切れにして、15分勉強したらちょっと休憩で支援級に行ってまた戻るとか、課題が終わったら本を読むとか、トランポリンを飛びに行くということもある。

・課題を明示し、それが終わったことを一緒に確認

やるべきことが事前にはっきりしていれば、項目をホワイトボードに書いて示して、（それをAが読んで確認する）それが終わったら、終わりの確認（シールを貼る、ハイタッチする、抱き合う等）をする。プラス休憩（自分の時間）にすることもある。

・大きな音が苦手なので、音読（普段の会話も含め）のとき大きな声を出しすぎないようにしている。
・Aが教室から出て行くとき、大げさに対応したり、追いかたりすると、"座っていられないダメな行為をする子"と子どもたちに映ってしまう。こういう時は、「Aくんどうしたのかな？　何か困っているのかな？」とクラスの子に投げかける。
・グループ活動・作業を取り入れ、グループ内で助け合い、分かち合う活動をしていく。
・必要に応じて別教材を用意しておく。
・できた・できないという評価的眼差しをもたない。通知表は極力ゆるやかにつける。

(2) 人的配置に関わる変更及び調整
　　交流学級の担任がクラス担任としてAをクラスの一員として迎え入れ、他の子どもと同じように日直等の係を割り当てたり、授業中も発表を順番に当てるなどする。

(3) 施設・設備に関わる変更及び調整
　　Aのロッカー、靴箱を特別支援学級ではなく交流学級で使えるようにする。

結果

(2) 周りの子どもの変化、新たな「つながり」など
　　　多くの時間をクラスで過ごしてきた成果として、Aもクラスの子どもたちも、支援級から交流しにきている時間を関わっているのではなく、ごく普通の時間をクラスの仲間として関わり合い、お互いの成長を実感し合い、関係を築いている。

実践、取組を振り返って
課題、感想など

　　子どもは子どもの中で育つ。だから、クラスの中でクラスの子たちと一緒に多くの時間を過ごしていこう。（基本的にすべての時間をクラスで過ごす。）当然ながら、一人でも欠けてはいけないクラスの一員。その意識を教職員もそうだし、子どもたちにもそれを当たり前に感じさせることが大事になってくる。あの子は"支援級の子だから"というような差別化された意識をもたない、もたせない。そのためには、クラス担任や支援級担任はもとより、全職員がどのように日々関わっていくかが問われている。

法制度・学籍の壁を前に

学籍
変更

実践・取組の内容	**本当に行きたかったのは地域の学校と気がついて**
校種	特別支援学校小学部
学年	2年生
実施時期	小学部2年の10月〜3月
社会的障壁は何か	
合理的配慮を行う根拠になった障害のある子どもの特徴	双子の兄弟で、兄は地域の普通学校へ、車いす利用で障害のある弟のAは特別支援学校に就学。保護者は兄弟一緒に地域の小学校に行かせたかったが、教育委員会から、設備の整った専門的な支援を受けられる支援学校への入学を勧められた。さらに居住地校交流後に、特別支援学校から普通学校への転校について提起した際も「小学校でやっていくのは無理」「小学校の現実の厳しさを知らない」と支援学校の教員の間で反対された。 　障害のある子は設備の整った専門的な支援を受けられる特別支援学校で学ぶべき、普通学校では無理、という教育委員会と支援学校の教員たちの意識の壁。及び、就学時に保護者の意向が尊重されず、結局説得を受け入れて特別支援学校に措置されるという現行の就学決定の仕組みと学籍の壁。
実践・取組の展開	2年生の10月にようやく居住地校交流をしたときに、小学校でばったりと兄に出会ったAは、「○○、きたぞ！」と、満面に笑みをこぼしながら大きな声で兄の名前を呼んで呼びかけた。今まで見たこともない全身で喜びを表現する姿を見て、担任は「Aが行きたかったのは『こっちの学校』だったんだ」と思った。 　また、学年集会で自己紹介するために車いすに乗って前に出たAは、体を前に突き出すようにして、マイクを握りしめ、しっかりとあいさつをした。 　担任は、普段見せないAの積極さを引き出したのは、Aの話を聞こうとする小学校の子どもたちなんだと気づいた。そして「子どもの力ってすごいな」と衝撃を受け、同時に、特別支援学校という特別な場で大人が考えるその子の願いなんて本物ではない、一般社会の中で、一緒にやってみて本当の願いに気づけると確信した。 　担任は母親に、「Aが行きたい学校は、支援学校ではなく、お兄さんの行っている学校だと思います」と報告。保護者はもともと兄弟一緒の学校で学ばせたかったので、転校に向けての取組みが始まった。 　保護者に「この学校では本人にあった教育ができない」という申請理由を書いてもらい（それは特別支援学校の担任である自分自身の教育実践を否定することでもあった）、校長を説得、12月に兄の通っている地域の学校に、肢体不自由特別支援学級を新設する希望を出してもらい、3年生から転校することができた。
合理的配慮	(1) 教育内容・方法の変更及び調整
社会的障壁を解消するため＝障害がある子どもとない子どもが一緒に学び、育つために行った工夫	居住地校交流の取組みのなかで、本来その子が就学すべき地域の学校に行くことによって、地域の学校で学びたいという子どもの願い、子ども同士の関わりの中で育つことの重要性に、教員・親が気付き意識を変えたこと。

(1) 障害のある子どもの変化、新たな「つながり」など

　　Aが本来就学するべき地域の学校は特別支援学級を設置し、Aは3年生から地域の小学校に兄と共に通えるようになった。

(3) その他（波及効果など）

　　担任は、居住地校交流を、特別支援学校から地域の学校への転校のきっかけづくりとして進めていく必要があるのではないかと、就学決定後の学籍の壁を越える取組みを意識化させていった。また、特別支援学校に就学した子どもたちの就学の問題を考える（意識を変えた）教師も現れ、その後3名が地域の小学校へ帰っていった。

　　Aの場合、転校をスムーズに進めるために小学校に肢体不自由学級を新設したが、今は通常学級に転入でよかったのではと思っている。また、特別支援学級に在籍している子に対しても同様の取組みが考えられる。通常学校での合理的配慮が当たり前になれば（そのように教員の意識が変われば）、もっと通常学級で学べる子が増えていくはず。

　特別支援学校は、障害のある子の学習を個別支援として実現している学校である。居住地校交流も個別支援の一つであるが、A君の事例は、居住地校交流という個別支援から、支援学校の担任の意識が変わることにより、地域の学校への転校が実現したものである。従来このような転校が合理的配慮の提供であると意識されることはなかった。

　しかし、特別支援学校に在籍している子にとって、障害のない子と共に学ぶことの障壁が、支援学校の教員の意識にある場合は、意識を変更すること自体が合理的配慮であり、その結果、学籍を変更し、転校するに至った場合には、転校そのものが合理的配慮の提供であると解されうる。

　就学時に保護者の意向が尊重されず、あるいは、保護者が教育委員会の説得を受け入れて特別支援学校に措置されたとしても、障害のある子ども本人自身の求めによって、社会的障壁である教師や教育委員会の意識を変更し、保護者とともに就学先の変更を実現すること、この一連の変更調整が合理的配慮であり、このような合理的配慮を提供できるよう、垣根の低い転校が制度的にも用意されていなければならない。

実践・取組の内容	人工呼吸器をつけて普通に小学校生活を送る

学びへの基本姿勢

・入学前に両親は、学校に対して何度かの要望を提出し、校内的にも職員の話し合いが持たれ、最終的には教育委員会が1992年3月23日に以下の決定を下した。①障害児学級の設置、②原学級保障はできないが、交流教育を最大限追求する、③障害児学級は単独（Aだけ）、④医療行為については、親が責任をもつ、⑤入学後も検討する場を、学校を主体（中心）としてもつ。

　保護者としては、満足できる内容ではなかったが、こうして入学へのハードルが乗り越えられた。

・入学後、垂直移動の禁止、つまり2階以上の授業は移動が危険だから参加できない、水泳は、プールに入水できない、等困難もあったが、両親は公開パフォーマンスで移動は危険ではないことを証明し、垂直移動の禁止は撤回された。

　プールについては、ミニプールを使用することになった。

　校舎建て替えとなって、階段昇降機も設置されることになった。

・保護者の付き添いについては、親が要請した人が付き添いの代行をすることまでは進展したが、卒業までその他の日は父親が常時、待機という形で付き添った。

授業中

・ノートテークは、基本は、障担（特別支援学級担任）がサポートした。

・手首を支えると筆ペンで文字を書けるので、筆記の必要があるときは障担が左手をAの右ひじに添えて綴った。

・机に教材を置く代わりに書見台をストレッチャーに付け、視野に入っているかどうか確認しつつ教材を上下移動する。（中学からはスキャナーで読み取ったデータをパソコン上で読んだり、解答欄を設けてパソコンで答えるなどOA器機を活用した。）

・実技教科では技能的にできないこと（リコーダーを吹く、運動競技、美術や家庭科の製作など）はあるが、本人とコミュニケーションをとって参加方法を工夫した。（絵を描くときは、どの色を塗るかは、本人が選択。音楽では鉄琴ならば手首を支えるとバチを使って演奏できる。体育もストレッチャーを押してもらって参加できる競技に参加した。ただし呼吸器の管が外れないよう激しい振動は与えないよう注意した。）

・Aはストレッチャーに横たわっているため、視界が遮られないよう教室内での位置を配慮した。板書内容が見えるよう、台を利用してなるべく高い位置に板書した。

吸引等医療的ケアに関すること

・障担の考えで、吸引をする人もいれば、全くしない人もいた。

・吸引と手動式のアンビューバッグによる送気はAさんにとって必要不可欠な生活行為なので、吸引を教員がする／しないにかかわらず、吸引の必要性の緊急度（即対応しなければならないのか、少し待てる状況か）を担任と障担で把握しておく。

・呼吸器の管理（設定値・モニター・バッテリー）の必要事項は（教員がやる／やらないにかかわらず）把握しておく。

	・本人の体調によっても吸引の回数は替わるので、健康状態を把握しておく。
コミュニケーションに関すること	・Aは気管切開をして声がでないため、顔の表情、目と口の合図、舌の位置、指先で意思表現をする。この基本が理解できれば、文字盤なしでかなりの会話ができる。 ・文字盤を使用する際は、Aの手首を支えて舌の動きに合わせて、文字盤を上下左右し、目的の文字の所で指で叩いて指示する。これを繰り返すことで文章を作成できる。
校内移動	・5年生の3学期から階段昇降機が使えるようになったが、階段昇降機は、ゆっくりと動くので、5分休みでは、時間が足りないことがあった。
給食	・みんなと同じ教室で一緒に鼻中栄養をとった。
校外学習	・基本は電車で出かけることが多い低学年時は、みんなと一緒に電車でいった。中学年の社会見学では、バスに乗る際、学校がスロープを作り、バスに乗った。 ・高学年では、5年生の自然学校では、リフト付きバスで行った。6年生の修学旅行でも、リフト付きバスで行った。ここでもみんなと一緒のバスで旅行できた。
テスト	6年間を通じて、普通学級で生活し、みんなと一緒にテストも受けた。障担が補助をした。
その他 （中学への引き継ぎ）	小学校生活で築いたAの学校生活上の配慮（指導補助）について、コミュニケーション、ストレッチャー・人工呼吸器、学習、介護と分けて中学校への引き継ぎ事項をまとめた。まとめるにあったては、教師の視点で書いているが、学級の一人としてAが普通の学校生活を送れるようにAの立場にたって考えることに努めた。

医療的ケアが必要な子の合理的配慮

中学校 高校

医療的ケアが必要な子どもの学校生活について、保護者に話を伺い、一人の同じ生徒に対する高等学校と中学校の生活を、合理的配慮に関する論点ごとに整理してみました。下線郡が合理的配慮です。

本人と保護者が学校に対して要求したものが、すべて適切に提供されたわけではありませんでした。特に中学校では何度も何度も、粘り強い話し合いが必要だったようです。学校が提供したものと、本人保護者が要望したものとの乖離が大きいものについては、合理的配慮について合意形成されていないものとして、下線を引きませんでした。話し合いを重ねても、残念ながら、実現されなかったものもあります。

人工呼吸器をつけた子の中学校・高校生活

	中学校	高校
学びへの基本姿勢	・学校生活について話をする過程で、管理職から「こんな子は地域の学校に来るべきではない」という発言があった。 ・学校は、保護者の付き添いが当然と思っていたため、看護師と介助員が配置されていたにもかかわらず、親子2人で放置されることが度々あった。 ・話し合いを重ね、2年生の2学期から徐々に付き添い時間を減らしていく許可が出、3年生になって付き添いがなくなった。	・どのようにしたら一緒に授業等に参加できるのかを計画段階から保護者に相談してくれ、進捗状況も逐次報告してくれる。 ・現在、どのような段階にあるのかが、見えやすい。 ・実現するには難しいこともあるが（校外学習等）、それを解決するのは学校側だという意識で対応してくれる。
授業中	・教員か介助員のどちらかが付くように、ローテーションが組まれ、ノートテイクを行う。 ・中学3年のときに付いた介助員から、宿題があることを初めて知らされた。それまでは宿題はやらなくて良いものということになっていたことに気が付かされた。 ・中学3年のときの介助員は、美術の時間に、何が作りたいのかを本人に聞いてくれ、作るときには手をとって作業させてくれた。	・座席は一番前。 ・看護師の配置。 ・ノートテイクをする介助員。 ・学習支援員（ノートテイクする教員）も配置。 ・プリント等が見えるように、ボードを使ってくれ、どうしたら本人から見えやすいのかを工夫している。
吸引等	・管理職は、人前で吸引等をすべきではないと頑なだった。 ・吸引を行うときには授業中であっても、下の階の子どもたちがいない教室に移動して行わなければならなかった。	・教室で吸引等を行う。 ・トイレは、最初は車いす用のトイレを使っていたが、おむつ替えのためにはもっと広いスペースが必要だということになり教室とは別の部屋を使えるようになった。
校内移動	・階段昇降機で移動。 ・子どもたちの移動時間とズラして階段昇降機を利用しなければならないという理由で、一	・エレベーターが設置されていた。

	人だけ授業を早めに切り上げて、移動しなければならなかった。	
給食	・吸引と同様、教室での注入が許されなかった。別室で看護師による注入が行われた。	・教室で、看護師が栄養を注入している。
校外学習	・大規模校だったため、生徒は観光バスで移動した。 ・1年は宿泊学習で、親が介護タクシーを手配し、知り合いの運転手さんが泊まって介護の手伝いもしてくれた。別の部屋が用意されて親子二人で泊まったが、バス座席や部屋割りの図は生徒たちと一緒だった。 ・2年の校外学習（日帰り）と3年の修学旅行は、教育委員会が介護タクシーを手配した。 ・修学旅行は長距離にもかかわらず軽自動車だったため、抗議し普通車に変更された。 ・結局、3年間とも生徒たちと同じバスに乗ることはできなかった。	・他の生徒と同じように公共交通機関や観光バス（リフトバス）を利用して、参加した。
試験	・1年生：「テストを受けるのか」と聞かれ、もちろん受けたいと答えた。 ・本人は入学直後から高校進学を希望していた。 ・1年生：答えを選択できるように問題を作成してくれた先生がいた。 ・YESは瞬き1回、これ以外は瞬きなしで回答した。しかし、分かりにくいので瞬きを1回ではなく、2回にするよう挑戦してくれと要望され、少しずつできるようになった。 ・2年生：各教科の先生が選択式の問題を5問ずつ作成していた。 ・3年生：受験に備え全く同じ問題で試験を受けた。記述問題は全く回答できなかった。	・問題を読み上げる人、目の動きを読む人、2名体制で試験を受ける。 ・すべてが選択肢問題ではないが、徐々に増えてきている。
高校受験	・一般試験を2回受験したが、2回とも不合格だった ・3回目は、面接だけだったが、合格できた。音声によるコミュニケーションがとりにくいので不安だったが、高校に行きたいという気持ちや中学校での写真を持たせたのが功を奏したのかもしれない。 ・一般試験を受験したときには、昼休みの延長を要求した。通常の時間では、栄養補給が終わらないため、1.5倍の時間にしてもらった。 ・筆記試験は、問題を読み上げる人と瞬きを見る人の2人の介助員と、必要な時に吸引などができる看護師の3人の同席を要求した。 　しかし、介助員1人が問題を読み上げて、なおかつ瞬きを読み取るという厳しい状況で受験しなければならなかった。看護師は受験室のカーテンの後ろに控えるという奇妙な別室解釈だった。	

看護師が受験室から遠くない別室に控えているというのが教育委員会の見解だった。

　ヒアリングで保護者は、「当事者に関心をもってくれ、関わろうとしてくれれば、色々な工夫が生まれる」とおっしゃっていたが、確かにそうなのだろう。中学校と高等学校とでは、対応に違いがあるが、それは学校管理者たちの関わろうとする姿勢に大きな違いがあるように見える。

　学校が、医療的ケアの必要な子どもに対して、他の子どもと変わりない一人の子どもとして見ているかどうかが、基本的な姿勢に表れている。医療的ケアの必要な子どもの教育責任を当然に果たさなければならないものであると学校が自覚すれば、「こんなふうにして欲しい」という本人からの意思表示に対して、どのようにしたら実現可能なのかを考えたり、「だったら、こんなこともできますよ」と本人の意向も踏まえたより良い提案をするだろう。そうであれば、合理的配慮として提供されるべき内容について、本人・保護者との合意形成は容易であるはずなのに、最初から「無理です」と検討することそのものを放棄してしまったり、根負けを見込んだ耐久レースを一方的に仕掛けたりする。これでは、本人・保護者が要望していることとの落差を埋めることはできない。

column5　学校における医療的ケア

　在宅で暮らすたんの吸引などの医療的ケアを必要とする子どもの数が急増し、その状態も多様化してきています。しかしながら、「医療的ケアが必要」という理由で、保育園や幼稚園、小学校、特別支援学校ですら、入園・入学を拒否されたり、親の付き添いが求められるケースが後を絶ちません。

1．医療的ケアとは

　医療的ケアとは、たんの吸引、経管栄養注入、酸素吸入など、当事者や家族が日常的に行う医療類似行為のことです。これは、医師及びその監督下による看護師以外、継続的に業として行えない「医（療）行為」と区別して使われています（医師法17条）。

　在宅人工呼吸療法が健康保険適用になり（1990年）、人工呼吸器がレンタル可能となり（96年）、訪問診療・看護の地域医療環境が整備されたことにより、人工呼吸器を利用する神経系・代謝系の難病をもつ人も病院でなく地域で暮らせるようになりました。この結果、学校や福祉施設においても医療的ケアが必要な人が増えてきました。

　こうした状況を踏まえ、在宅で医療的ケアを担う家族の負担を軽減するために、「社会福祉士及び介護福祉士法」を一部改正し、2012年より、ホームヘルパー等の福祉職や学校の教職員も一定の研修を受ければ、特定の利用者に対して一部の医療的ケア（たん吸引及び経管栄養注入）ができるようになりました。

2．医療的ケアの必要な子どもの増加

　医療技術の進歩と、前述の医療・福祉制度の充実により、人工呼吸器を利用し在宅で医療的ケアを必要としている子どもの数は大幅に増加しています。

在宅人工呼吸指導管理料算定件数（0〜19歳）
　　2008年：288件→2013年：2126件
平成27年度特別支援学校等の医療的ケアに関する調査
　　全国の公立特別支援学校における医療的ケアの必要な児童数：8,143名
　　全国の公立小中学校における医療的ケアの必要な児童数：839名

3．学校における医療的ケア児の合理的配慮

　しかし、小中学校、保育園や幼稚園、さらに特別支援学校でさえ、看護師や研修を受けた教職員の配置は進んでいません。また、保育園においては、看護師が配置されていても、0歳児クラスの担当等となっており、当該医療的ケア児への対応は困難とされるケースもあります。そのため、医療的ケアの必要な子が入学や入園を拒まれたり、保護者の付添いが求められています。

　医療的ケアの必要な子どもには、あらゆる場所でこれが提供されなければ、地域での生活は実現しません。ですから、その子がいる学校や保育園等は、合理的配慮として、医療的ケアを提供しなければなりません。医療的ケアを必要としている一人ひとりの子どもの状態は千差万別です。その子にあったケアの形を、本人、保護者らとよく話し合って決めるべきです。

　医療的ケアを必要とすることを理由に入学や入園を拒否することは直接差別となりかねませんし、安易に保護者に付き添いを求め、付き添いがなければ子どもが学校等に通えないということも、不利益や負担を課しているのですから、差別となります。また、合理的配慮としての医療的ケアを拒否することも差別となりかねません。

　とくに義務教育である小中学校においては、日々の就学はもとより、修学旅行等の学校行事への参加に対しても、医療的ケアを校内及び学校行事において実現できるよう、看護師の配置もしくは教職員、支援員の研修をすすめ、医療的ケアを学校等で実現することが求められているのです。

公立高校受験の「配慮事項」（大阪府の場合）

高校問題を考える大阪連絡会

大阪府教育庁（教育委員会事務局）は、配慮申請手続きについて、毎年「○年度大阪府公立高等学校入学者選抜における配慮事項」を全中学と高校に配っている。下記の別表はその中にある配慮事項をまとめ直したものである。一部の文言の訂正以外、長年変化なく使っている。

約40年前、部落解放運動の影響を受け、また養護学校義務化反対運動とも連動して、大阪での「高校に行く運動」が盛んになった。高校入学を要求するだけでなく必ず高校受験をする。この結果、高校生とは認められないけれど、授業に出席する準高生とか、放課後や行事中心の交流生などが実現した。現在大阪府の公立高校11校に、学年定員3人の知的障害生徒自立支援コースが設けられているが、11校の多くが「準高生や交流生取り組みの伝統」を持つ高校である。

地元校集中のスローガンの下、仲間とともに高校を受験する運動においては、受験方法も大きなテーマとなる。このため、約40年前から「配慮事項」が認められ始めた。

現在定時制課程4年生のY君がいる。15歳のとき受験したが不合格、39歳のリベンジ受験でもあった。15歳受験のとき、文字盤を使って回答する方法を認めさせたのはY君である。

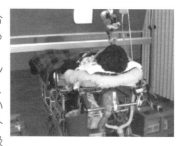

40年の歴史からすると最近に属するが、10年以上前、「アイコンタクト」による受験を認めさせたのが、24時間人工呼吸器をつけ、お風呂やプール以外、24時間背中がベッド（ストレッチャー）についているO君。写真は高校受験の風景である。アイコンタクトは、介助者による代読と回答読み取りが必要であり、O君の場合、たん吸引等の看護師も必要である。ただ、YES、NOの意思表示になるので全問選択問題を要求したが、これは認められなかった。東京では全問選択肢の受験方法があるが（※1）、大阪では現在も認められていない。

現在定時制高校3年生のI君は、瞬きによる回答で受験した。O君から10年以上ぶりの受験方法であった。

上記の例は、必ず（回答を読み取る）介助者が必要となる。監督者（高校教師）は回答を読み取ることはできない。そこで、必要とあれば府教育庁の担当者がさらに立ち会う。回答を読み取るのは熟練した人でなければならないが「原則として中学教諭」とされており、意思読み取りに熟練したヘルパーなどは非常に認められにくい。例外として認められたのが、Y君とO君の中間で受験した人である。発音を理解できる人は母親しかいないので、中学教師が介助員として代読し、回答を母親が通訳し、高校教師が代筆する方法で行った。

※1 申請により、書き取り以外は全ての問題が四択で回答できるようになっている。

障がいのある生徒に対する配慮事項

＜別表1＞教育庁の審査が必要な配慮事項

種類	対象者	内容	受験室
1 学力検査時間の延長	①点字による受験者 ②強度の弱視者で、良い方の眼の矯正視力が0.15未満の者 ③体幹の機能障がいにより座位を保つことができない者又は困難な者 ④両上肢機能の障がいが著しい者 ⑤その他、障がいの状況により、時間延長の必要があると認められる者	①各検査教科等に規定した学力検査時間の1.5倍 ②③④⑤ 各検査教科等に規定した学力検査時間の約1.3倍	別室

2 代筆解答	障がいにより、筆記することが不可能又は困難なため、代筆による解答を希望する者	(1) 代筆解答のみ (2) 代筆解答及び学力検査時間の延長（約1.3倍）	別室
	上記「代筆解答」を認められた者及び点字による受験が認められた者で、自己申告書の代筆を希望する者	自己申告書の代筆	
3 介助者の配置	障がいの状況により、受験に際して介助が必要と認められる者	(1) 介助のみ (2) 介助及び学力検査時間の延長（約1.3倍） ＜注＞介助の内容については、別途、高等学校を設置する教育委員会と協議する。 なお、介助者については、検査室内に原則として中学校教諭を1名配置する。	
4 英語のリスニングテストの筆答テストによる代替	原則として、両耳の聴力レベルが30デシベル以上の者で、補聴器を使用しても語音が明瞭に聞き取れない者	筆答テストによる代替	リスニングテストのみ別室

<別表2>中学校長から高等学校長への文書連絡による配慮事項

種類	対象者	内容	受験室
拡大した問題用紙による受験	障がいにより、通常の学力検査問題用紙による解答が困難な者	拡大した問題用紙（B4判）を用いる。 （連絡を受けた志願先高等学校長は、所管の教育委員会に文書（様式①）により報告すること。）	原則として別室
個人面接	次の①又は②を志願し、特別の事情により個人面接を希望する者 ①特別選抜全日制総合学科(エンパワメントスクール) ②桃谷高校Ⅰ・Ⅱ部及び大阪市立中央高校	個人面接 （連絡を受けた志願先高等学校長は、所管の教育委員会に文書（様式②）により報告すること。）	別室

<別表3>高等学校長の判断による配慮事項

対象者	内容
障がいのある者又は病気等のため所定の検査室において受験できない者	(1)別室による受験 　①検査会場　志願先高等学校の保健室等又は病院 　②医師の承諾・中学校長の別室受験願い　病気等の場合はなるべく「受験しても差し支えない」という医師の承諾書等又は中学校等校長の別室受験願いを求める。病院での受験の場合は検査中にも医師に対応してもらえるよう依頼しておく。 　③控室　必要に応じて検査室の近くに付添者を待機させる部屋を設けてもよい。 　④監督教員　2名以上 　⑤問題用紙の取扱い　特に厳重に取扱う。病院での受験では検査教科別に厳封の上、一括検査会場に搬入する等の対応をとること。校内の場合は時限ごとに検査教科、配慮内容等を確認し問題配布の誤りのないよう注意すること。 (2)休憩時間の延長 　(1)の別室受験を認めた者で、特に必要と認められる者について、休憩時間を延長することも差し支えないが、その場合には所管の教育委員会に連絡すること。
座席の変更等を必要とする者	聴覚に障がいのある者で座席の変更、補聴器等の使用を希望する者は、これを許可する。

解説　共に学ぶために

──合理的配慮が提供されないのは、差別です

1　差別とは

【障害に基づく区別、排除、制限は、差別です】

　障害を理由とする差別の解消を推進する法律（以下、障害者差別解消法）は、2013年に成立し、2016年4月から施行されています。この法律は、障害を理由とする差別をしてはならないこととして禁止していますが、実は、何を差別とするのかの定義を設けていません。そこでこの法律は障害者権利条約を批准するために（2014年1月批准）国内法整備の過程で成立した法律なので、何を障害を理由とした差別と考えるのかは、障害者権利条約を参照することができます。

> 「障害に基づく差別」とは、**障害に基づくあらゆる区別、排除又は制限**であって、政治的、経済的、社会的、文化的、市民的その他のあらゆる分野において、障害のない者と平等であることを確保するために、全ての人権及び基本的自由を認識し、享有し、又は行使することを害し、又は妨げる目的又は効果を有するものをいう。障害に基づく差別には、**あらゆる形態の差別（合理的配慮の否定を含む。）**を含む。
>
> （障害者権利条約　第2条　定義）

　障害を理由とした差別は、「障害があるから」というように直接障害を理由としている場合はもちろんのこと、「身辺自立ができていること」のように中立的に見える基準を当てはめ、結果として障害のある子どもだけが不利益をこうむることも差別になります。

　障害者差別解消法では、「不当な差別的取扱い」として、行政機関等や民間事業所を問わず、全ての機関や人々が行ってはならないこととして、禁止されています。

> 「不当な差別的取扱い」の例
>
> ○　就学時健診に行こうと学校に連絡したら、障害があるならば時間をズラして来るように言われた。私と子どもは、皆と一緒に説明が聞きたいのに！
> ○　子どもの学校の先生に、「お子さんは算数や国語の教科の授業内容を理解できないのだから、普通学級で学ぶべきではない」と言われた。
> ○　宿泊を伴う行事に子どもが参加しようとしたら、保護者の付き添いがなければ参加できないと言われた。

2　合理的配慮とは

【合理的配慮の提供は社会の義務です】

　すべての公立の小中高大学等の学校には、合理的配慮の提供が義務付けられています。私立学校は、これについては努力義務ですが、私立学校と言っても公共性が高く、私学助成等を受けているのですから、公立学校と同じように合理的配慮の提供を義務付けられていると考えるべきでしょう。特に、義務教育段階においては、公立や私立で合理的配慮の義務付けに差をつけるべきではありません。

　合理的配慮は、障害のある子どもが障害のない子どもと平等に教育における権利を行使、享受する際に、社会的障壁を除去するために社会の側がその障害者に合わせて調整変更することです。いいかえれば、合理的配慮がなければ社会的障壁のために権利や自由、利益が実現せず、差別となります。これは障害とは社会との関係で生じるものだとするいわゆる「社会モデル」の考え方に則っています。
　例えば以下のものが一般に例示されています。

1）授業等に関して
　　A）障害特性に応じた情報伝達手段を用いた授業（手話、要約筆記　等）
　　B）障害特性に対応した態様の授業（分かりやすい授業の工夫　等）
　　C）障害特性に応じた利用可能な形態の教科書、教材の提供（点字、拡大、ルビ付き教材　等）
　　D）利用可能な物理的環境の提供（段差の解消　等）
　　E）介助等を含む必要な人員の配置
　　F）その他必要な変更及び調整　等
2）入学試験・定期試験に関して（適正に学力の判定ができるための配慮：時間延長、ルビ付き試験問題、代筆者、介助者の配置、個室利用等）
　　（参考）障害者政策委員会差別禁止部会（2012年9月）「障害を理由とする差別の禁止に関する法制」についての意見

【個別支援は合理的配慮ではありません】

　わが国では、障害児教育は特別支援教育として提供されてきました。特別支援教育による個別支援は合理的配慮とは違います。個別支援は、その子の学力や能力を伸ばすために、その子をどのように成長・発達・変化させるかに重きがあります。ここでは、疾病や機能不全という個人の問題としてとらえる、いわゆる「医学モデル」で障害を見ています。
　一方で合理的配慮は、教育委員会や学校が、学校やクラスをその障害のある子に合わせて調整・変更して教育を実現することです。合理的配慮は、障害のある子どもに合わせてクラスや学校の側が変わることで、「社会モデル」でとらえる必要があります。合理的配慮は、差別のない学校を実現するためにあるのですから、支援をするために障害のない子どもと分けることはあってはならないことです。クラスや学校の中にある障害に対する社会的障壁は、障害のある子どものいるクラスや学校を変えることで解消されなければなりません。
　権利条約においても、合理的配慮と個別支援を別のものととらえ、個別支援が必要な場合であっても障害のある子どもとない子どもが共に学ぶこと（条約ではFull Inclusion：完全なインクルージョン）を目的にすべきであると言っています（権利条約24条2項（c）・（d）参照のこと）。

【インクルーシブ教育と合理的配慮は表裏一体です】

　合理的配慮は、あらゆる教育現場で提供されなければなりません。ただし、特別支援をするために障害のある子どもが集められた特別支援学校や特別支援学級では、社会的障壁が目に見えることは少ないかもしれません。障害のある子が学ぶことが想定されていないクラスや学校で障害のある子が学ぼうとすると、社会的障壁はよりリアルに見えてきます。合理的配慮がより問題になるのは、障害のない子どもを中心に作られ運営されている通常学級です。

　インクルージョンと合理的配慮は表裏一体です。インクルーシブ教育では合理的配慮の提供は不可欠なものなのです。国連・障害者権利委員会はインクルーシブ教育を以下のように説明しています。

障害者権利条約　　24条　一般的意見[※]　より（要約）

【インクルーシブ教育の実現にむけて】（段落番号9）

　インクルーシブ教育を受ける権利の保障には、障害のある子どもの可能性を妨げる障壁を除去させる責任が生じる。

　インクルージョンは、障害のある子どもが自分らしくあり、成功を重視することによって、すべての子どもの参加と学びへの障壁を除去することを成し遂げる。

【インクルーシブ教育はこのように理解されるべき】（段落番号10）

1. すべての学習者の基本的人権である。この権利は、保護者や養育者の権利ではない。
2. すべての生徒が自分らしくあり (well being)、障害のある生徒の固有の尊厳と自律を尊重し、効果的に社会に参加し、貢献できる存在であることを原則とする。
3. 教育以外の人権を実現するための手段であること。貧困から脱し、地域社会に完全に参加する手段を得ること、すなわち、インクルーシブな社会を実現するために主要な手段であること。
4. インクルーシブ教育を実現する過程で、すべての生徒に配慮し、インクルードすることによって、通常学校の文化、方針及び実践を変革することを伴うもの。

【インクルージョンは、インテグレーション（統合）とは異なる】（段落番号11）

　排除は、直接的又は間接的に教育を享受する機会を妨げられたり、否定されること。

　分離は、ある特定の障害に対応するために設計されたり、使用される別の環境において障害のない生徒から切り離されて教育されること。

　統合は、障害のない人のために標準化されてつくられた通常学校や通常学級に適応させるように配置されること。

　インクルージョンとは、対象となる年齢層のすべての生徒を対象にするので、現行の教育内容、指導方法、その指導体制を修正、変更する改革のプロセスが含まれる。これによって、公正な参加型の学習体験と障害のある子どものニーズに合致した教育環境を提供できるようになる。したがって、何ら変更を伴わずに障害のある生徒を通常学級に配置することは、インクルージョンではない。統合は、インクルージョンの前段階ではない。

※障害者権利条約の一般的意見（general comment）とは、条約で規定している内容について解釈基準を示しているものです。障害者権利委員会によって作成され、2016年12月の国連総会において承認されました。詳細は、86〜88頁を参照してください。

【合理的配慮は本人・保護者の要請によります】

　合理的配慮は、学校や教育委員会によって一方的に押し付けられるものではありません。本人もしくは保護者からの要請に基づき、どのような配慮が必要かについて、合意したうえで提供されなければなりません。もちろん、その提供がなければ差別となるものですから、差別に気付いたものは、これを要請し実現するよう、当事者に働きかけることが期待されます。また、特に学校教育においては、当事者の納得を前提に、クラスの他の仲間の理解が不可欠になることがあります。これもその理解を得られるよう、合理的配慮の提供の義務者である学校や教職員らの責任で働きかけ、時にはその内容の決定にクラスの仲間を参加させ、理解を深める工夫も必要となるでしょう。

内閣府障害者政策委員会　障害者差別禁止部会　棟居部会長発言より

　障害者権利条約、憲法から　障害のある子どもの評価とは？

　憲法 26 条の「その能力に応じて」の「その」とはパーソナルな個人、「等しく教育を受ける」とは、決して到達度ではなく教育の機会を等しく実質的に与えられたと考えると、その子どもなりに教育効果が上がればこの 26 条の教育を受ける権利を十分に満たされているということになるはずです。少なくとも従来いわば横一列の教育こそが憲法の保障する教育だと理解され、運用されてきたとすれば、権利条約の考え方は、個別の一人ずつを見てケアをして、そしてインクルーシブに取り込んでいくということですから、憲法の読み方としても、「その能力に応じて」というのを、点数の高い順番にという従来の考え方ではなく、むしろいろいろな点数の、いろいろな特徴の、いろいろな個性の子が、それぞれ学べればいい、同じ場所で学ぶのだというとらえ直しがあり得るのではないでしょうか。

http://www8.cao.go.jp/shougai/suishin/kaikaku/s_kaigi/b_13/gijiroku.html

---

【共生共学の実践 ※ の中に合理的配慮は実現されています】

　戦後、障害の程度と種類によって学ぶ場所を分ける分離別学による教育制度が続けられてきましたが、一方では分けられることを拒み、共に学び共に生きる「共生共学」の実践は連綿として取り組まれてきました。これは差別のない教室づくりの過程で、意識的に取り組まれてきたものです。したがって、「合理的配慮」や「インクルーシブ教育」という言葉で語られる前から、共に学ぶことは当たり前のこととして、地域の粘り強い実践として実現してきました。

　しかし、残念ながら共に学ぶことは全国的にどこの地域においても当たり前のこととはなっていません。当たり前のことが当たり前になっていないときに、これを実現するためにこそ人権があります。権利条約が地域で生きることを人権として保障し、インクルージョンを基本理念としたのはそのためです。合理的配慮も非差別―平等を実現するためのものです。共生共学の実践の中でごく自然に取り組まれてきた様々な工夫を、新たに合理的配慮の視点で位置づけなおすことが必要です。共生共学を実現するために、社会の側が何をしていくべきかの観点に立って、実践を共有することが求められています。

※被差別部落及び在日朝鮮・中国の子どもの教育を保障するために取り組まれた教育実践に端を発し、1970 年以降に障害のある子どもも地域の学校で障害のない子どもと共に学び育つための教育保障に発展した取組みをいう。

○　共生共学について知りたい方に、本の紹介！

北村小夜著　『一緒がいいなら、なぜ分けた――特殊学級の中から』（現代書館、1987 年）

北村小夜編著『地域の学校で共に学ぶ――小・中・高校、養護学校　教師の実践』（現代書館、1997 年）

二見妙子著　『インクルーシブ教育の源流――1970 年代の豊中市における原学級保障運動』（現代書館、2017 年）

【合理的配慮は、マニュアルでは実現できません】

　この本では「共に学ぶための合理的配慮」の具体例を紹介しています。これらは、障害のある子どもと保護者と教職員が、障害の有無にかかわらず、共に学び、育つために取り組んだものです。共に学ぶための一連の教育実践を、合理的配慮の観点から抽出し、整理したものといえます。まだ、合理的配慮の必要性について、現場では意識されていなかったと思います。でも共に学ぶために必要に迫られて変更・調整したことこそ、合理的配慮なのです。

　合理的配慮は、障害が多様であること、それに加えて担任や子どもたち、保護者との関係の中で実現されます。ですから、全く同じ取組みになることはありません。でも、これらに類似した取組みは、障害のある子どもとない子どもが共に学ぶときに、多くの人々によって共通に体験したものでもあります。通常学級は障害のない子どものために制度化されてきたのですから、障害のある子どもが学び育つためには、社会的障壁はあらゆるところに存在し、これを除去するための多様な取組みが展開されなければなりません。

　皆さんの学校で合理的配慮を検討する時に、ここにあげた事例をヒントに、新たに様々な取組みをしていただきたいと思います。

　「インクルーシブな教育」って、いつから言われるようになったのか、調べてみたんだ。1994年、スペインのサラマンカで開催されたユネスコの「特別ニーズ教育：そのアクセスおよび質に関する世界会議」で採択された「サラマンカ宣言」（資料1）の中で、初めて、国際的に「インクルーシブ教育を原則に」と提言されたんだよ。

資料編

ユネスコ
「特別ニーズ教育：そのアクセスおよび質に関する 世界会議」サラマンカ宣言（1994年）

The Salamanca Statement on Principles, Policy and Practice in Special Needs Education.

　1948年の世界人権宣言で明示されているあらゆる個人の教育への権利を再確認し、そしてまたそれぞれに違いがあるにもかかわらず全ての者に教育への権利を保障するとした、1990年の「万人のための教育」世界会議で世界の諸地域の誓約を継続し、

　「障害者」の教育は教育システムに欠かすことのできない部分であることを各国が保障するように強く求めている1993年の「障害者の機会均等化に関する国連の基準規則」に帰結しているいくつかの国連宣言を想起し、依然として達成されていない特別ニーズをもつ人々の大部分に対する教育へのアクセスの改善に、政府、支持者団体、コミュニティ、保護者集団そして特に「障害者」団体の参加が増えていることを満足しながら注目し、そしてまたこうした参加の証として、この世界会議に多数の政府、専門家集団そして政府間組織の高度の代表者が積極的に参加したということを認識しつつ、

1. 我々、1994年6月7日から10日にかけてスペインのここサラマンカに集った92の政府と25の政府間組織を代表する特別ニーズ教育世界会議の代表は、通常の教育システムの中において特別ニーズを有する子ども、青年、大人に対する教育を提供することの必要性と緊急性とを認識して、すべての者に対する教育への我々の責任を再確認し、さらに政府や組織がその規定や勧告の精神によって活動するよう「特別ニーズ教育に関する行動枠組み」を支持するものである。

2. 我々は以下のことを信じて宣言する。
   ・すべての子どもが教育への権利を有しており、満足のいく水準の学習を達成し維持する機会を与えられなければならない。
   ・すべての子どもが独自の性格、関心、能力および学習ニーズを有している。
   ・こうした幅の広い性格やニーズを考慮して、教育システムが作られ、教育プログラムが実施されるべきである。
   ・特別な教育ニーズをもつ人々は、そのニーズに見合った教育を行えるような子ども中心の普通学校にアクセスしなければならない。
   ・インクルーシヴな方向性をもつ普通学校こそが、差別的な態度と戦い、喜んで受け入れられる地域を創り、インクルーシヴな社会を建設し、すべての者のための教育を達成するためのもっとも効果的な手段である。さらにこうした学校は大多数の子ども達に対して効果的な教育を提供するし、効率性をあげて結局のところ教育システム全体の経費節約をもたらすものである。

3. 我々はすべての政府に対し次のことを訴え、実施を迫るものである。
   ・自らの教育システムを改善して、個々の違いや抱える困難さとは関係なく、全ての子どもをその中に組み入れることができるような政策や財政に高い優先的順位を与えること。
   ・法律ないし政策の問題として、別の方法で行わざるを得ないという止むにやまれぬ理由がない限り普通学校にすべての子どもを在籍させるインクルーシヴな教育の原則を採用すること。
   ・実証的なプロジェクトを開発し、インクルーシヴな学校での経験を有する国々の間

での交換を推奨すること。
- ・特別な教育ニーズを有する子どもや大人へ対する教育提供の計画、視察および評価のための、中央集権的ではない参加的機構を確立すること。
- ・特別な教育ニーズに見合った教育の提供に関する計画と意思決定の過程に保護者、地域社会および「障害者」団体の参加を促し可能にすること。
- ・インクルーシヴな教育の職業的な側面と同様に、初期のころのアイデンティティ形成やその後中間期の教育にもより多くの努力を払うこと。
- ・システムの変化という状況においては、就職前および現職の教員教育プログラムは、インクルーシヴな学校において特別ニーズ教育を行うという目標を目指すようにすること。

4. 我々はまた国際社会やその他の機関に対し次のことを求める。
- ・国際的な協力プログラムや国際的な財団、特に「万人のための教育」世界会議の後援者となっているユネスコ、ユニセフ、国連開発プログラムおよび世界銀行とかかわっている政府は
　　——インクルーシヴな学校教育というアプローチを支持し、教育プログラムの不可欠の部分として特別ニーズ教育の発展を支援すること。
- ・国連とその専門機関、特にILO、世界保健機構、ユネスコおよびユニセフは
　　——特別ニーズ教育を拡大的、統合的な方法で提供するための効率的な援助に関する協力や連携を強化するばかりでなく、技術的な協力へのインプットを強めること。
- ・国のプログラムやサービス供給にかかわっている非政府組織は
　　——国の機関との協同関係を強化し、特別な教育ニーズに見合ったインクルーシヴな教育の供給の計画、実施および評価への参加を強めるようにすること。
- ・ユネスコは教育に関する国連機関として
　　——特別ニーズ教育は様々なフォーラムにおいて「万人のための教育」にかかわるあらゆる議論の不可欠の部分になるようにすること。
　　——特別な教育ニーズに見合った教育の提供にかかわる教員教育を高める問題について教職の関連組織による援助を動員すること。
　　——学術団体が研究や連携を強めるように刺激したり、情報や資料を集めた地域センターを設置すること、またこうした活動やこの宣言の遂行において各国レベルで達成された特別な結果や進歩を普及するための情報センターとして活動すること。
　　——普及のための新しいアプローチを並べた先端的なプロジョクトの開始を可能にするような、次期5年計画(1996 – 2000 年)においてインクルーシヴな学校とコミュニティ支援プログラムを拡大する計画の策定を通して基金を集めること。

5. 最後に、我々は会議の開催に関してスペイン政府とユネスコとに大いなる感謝を表明しそしてまた両者にこの宣言とこれに付随する行動計画とを、特に社会開発サミット（コペンハーゲン、1995 年）や世界女性会議（北京、1995 年）のような重要なフォーラムにおいて世界全体の関心事にさせるためのあらゆる努力をするように要請する。

1994 年 6 月 10 日承認により採択

（嶺井正也・長畠綾子訳）

障害者の権利に関する条約

(公定訳)(抜粋)(批准:2014年1月20日、国内効力発生:2月19日)

障害者権利条約って、今世紀最初の人権条約なんだよね。障害者へ特別な権利を与えるものじゃなくて、障害のない人への人権保障の蓄積を障害のない人に適応するためにはどうするか、という趣旨で障害のある人たちが議論に参加してつくられたんだ。「医学モデル」から「社会モデル」へ、「保護の客体」から「権利の主体」へと障害に対する考え方が大転換しているんだ。そして条約を貫いている原則は「インクルージョン」。日本でも条約を活かしてインクルーシブ教育を進めよう!

前文

この条約の締約国は、

(a) 国際連合憲章において宣明された原則が、人類社会の全ての構成員の固有の尊厳及び価値並びに平等のかつ奪い得ない権利が世界における自由、正義及び平和の基礎を成すものであると認めていることを想起し、

(b) 国際連合が、世界人権宣言及び人権に関する国際規約において、全ての人はいかなる差別もなしに同宣言及びこれらの規約に掲げる全ての権利及び自由を享有することができることを宣明し、及び合意したことを認め、

(c) 全ての人権及び基本的自由が普遍的であり、不可分のものであり、相互に依存し、かつ、相互に関連を有すること並びに障害者が全ての人権及び基本的自由を差別なしに完全に享有することを保障することが必要であることを再確認し、

(d) 経済的、社会的及び文化的権利に関する国際規約、市民的及び政治的権利に関する国際規約、あらゆる形態の人種差別の撤廃に関する国際条約、女子に対するあらゆる形態の差別の撤廃に関する条約、拷問及び他の残虐な、非人道的な又は品位を傷つける取扱い又は刑罰に関する条約、児童の権利に関する条約及び全ての移住労働者及びその家族の構成員の権利の保護に関する国際条約を想起し、

(e) 障害が発展する概念であることを認め、また、障害が、機能障害を有する者とこれらの者に対する態度及び環境による障壁との間の相互作用であって、これらの者が他の者との平等を基礎として社会に完全かつ効果的に参加することを妨げるものによって生ずることを認め、

(m) 障害者が地域社会における全般的な福祉及び多様性に対して既に貴重な貢献をしており、又は貴重な貢献をし得ることを認め、また、障害者による人権及び基本的自由の完全な享有並びに完全な参加を促進することにより、その帰属意識が高められること並びに社会の人的、社会的及び経済的開発並びに貧困の撲滅に大きな前進がもたらされることを認め、

第1条　目的

　この条約は、全ての障害者によるあらゆる人権及び基本的自由の完全かつ平等な享有を促進し、保護し、及び確保すること並びに障害者の固有の尊厳の尊重を促進することを目的とする。

　障害者には、長期的な身体的、精神的、知的又は感覚的な機能障害であって、様々な障壁との相互作用により他の者との平等を基礎として社会に完全かつ効果的に参加することを妨げ得るものを有する者を含む。

第2条　定義

　「言語」とは、音声言語及び手話その他の形態の非音声言語をいう。

　「障害に基づく差別」とは、障害に基づくあらゆる区別、排除又は制限であって、政治的、経済的、社会的、文化的、市民的その他のあらゆる分野において、他の者との平等を基礎として全ての人権及び基本的自由を認識し、享有し、又は行使することを害し、又は妨げる目的又は効果を有するものをいう。障害に基づく差別には、あらゆる形態の差別（合理的配慮の否定を含む。）を含む。

　「合理的配慮」とは、障害者が他の者との平等を基礎として全ての人権及び基本的自由を享有し、又は行使することを確保するための必要かつ適当な変更及び調整であって、特定の場合において必要とされるものであり、かつ、均衡を失した又は過度の負担を課さないものをいう。

第3条　一般的原則

この条約の原則は、次のとおりとする。

　　(a) 固有の尊厳、個人の自律（自ら選択する自由を含む。）及び個人の自立の尊重
　　(b) 無差別
　　(c) 社会への完全かつ効果的な参加及び包容
　　(d) 差異の尊重並びに人間の多様性の一部及び人類の一員としての障害者の受入れ
　　(e) 機会の均等
　　(f) 施設及びサービス等の利用の容易さ
　　(g) 男女の平等
　　(h) 障害のある児童の発達しつつある能力の尊重及び障害のある児童がその同一性を保持する権利の尊重

第5条　平等及び無差別

1　締約国は、全ての者が、法律の前に又は法律に基づいて平等であり、並びにいかなる差別もなしに法律による平等の保護及び利益を受ける権利を有することを認める。
2　締約国は、障害に基づくあらゆる差別を禁止するものとし、いかなる理由による差別に対しても平等かつ効果的な法的保護を障害者に保障する。
3　締約国は、平等を促進し、及び差別を撤廃することを目的として、合理的配慮が提供されることを確保するための全ての適当な措置をとる。
4　障害者の事実上の平等を促進し、又は達成するために必要な特別の措置は、この条約に規定する差別と解してはならない。

第7条　障害のある児童

1　締約国は、障害のある児童が他の児童との平等を基礎として全ての人権及び基本的自由を完全に享有することを確保するための全ての必要な措置をとる。
2　障害のある児童に関する全ての措置をとるに当たっては、児童の最善の利益が主とし

て考慮されるものとする。

3　締約国は、障害のある児童が、自己に影響を及ぼす全ての事項について自由に自己の意見を表明する権利並びにこの権利を実現するための障害及び年齢に適した支援を提供される権利を有することを確保する。この場合において、障害のある児童の意見は、他の児童との平等を基礎として、その児童の年齢及び成熟度に従って相応に考慮されるものとする。

第19条　自立した生活及び地域社会への包容

この条約の締約国は、全ての障害者が他の者と平等の選択の機会をもって地域社会で生活する平等の権利を有することを認めるものとし、障害者が、この権利を完全に享受し、並びに地域社会に完全に包容され、及び参加することを容易にするための効果的かつ適当な措置をとる。この措置には、次のことを確保することによるものを含む。

(a)　障害者が、他の者との平等を基礎として、居住地を選択し、及びどこで誰と生活するかを選択する機会を有すること並びに特定の生活施設で生活する義務を負わないこと。

(b)　地域社会における生活及び地域社会への包容を支援し、並びに地域社会からの孤立及び隔離を防止するために必要な在宅サービス、居住サービスその他の地域社会支援サービス（個別の支援を含む。）を障害者が利用する機会を有すること。

(c)　一般住民向けの地域社会サービス及び施設が、障害者にとって他の者との平等を基礎として利用可能であり、かつ、障害者のニーズに対応していること。

第23条　家庭及び家族の尊重

3　締約国は、障害のある児童が家庭生活について平等の権利を有することを確保する。締約国は、この権利を実現し、並びに障害のある児童の隠匿、遺棄、放置及び隔離を防止するため、障害のある児童及びその家族に対し、包括的な情報、サービス及び支援を早期に提供することを約束する。

第24条　教育

1　締約国は、教育についての障害者の権利を認める。締約国は、この権利を差別なしに、かつ、機会の均等を基礎として実現するため、障害者を包容するあらゆる段階の教育制度及び生涯学習を確保する。当該教育制度及び生涯学習は、次のことを目的とする。

(a)　人間の潜在能力並びに尊厳及び自己の価値についての意識を十分に発達させ、並びに人権、基本的自由及び人間の多様性の尊重を強化すること。

(b)　障害者が、その人格、才能及び創造力並びに精神的及び身体的な能力をその可能な最大限度まで発達させること。

(c)　障害者が自由な社会に効果的に参加することを可能とすること。

2　締約国は、1の権利の実現に当たり、次のことを確保する。

(a)　障害者が障害に基づいて一般的な教育制度から排除されないこと及び障害のある児童が障害に基づいて無償のかつ義務的な初等教育から又は中等教育から排除されないこと。

(b)　障害者が、他の者との平等を基礎として、自己の生活する地域社会において、障害者を包容し、質が高く、かつ、無償の初等教育を享受することができること及び中等教育を享受することができること。

(c)　個人に必要とされる合理的配慮が提供されること。

(d)　障害者が、その効果的な教育を容易にするために必要な支援を一般的な教育制

　　度の下で受けること。
　　(e) 学問的及び社会的な発達を最大にする環境において、完全な包容という目標に
　　　合致する効果的で個別化された支援措置がとられること。
3　締約国は、障害者が教育に完全かつ平等に参加し、及び地域社会の構成員として完
　　全かつ平等に参加することを容易にするため、障害者が生活する上での技能及び社
　　会的な発達のための技能を習得することを可能とする。このため、締約国は、次のこ
　　とを含む適当な措置をとる。
　　(a) 点字、代替的な文字、意思疎通の補助的及び代替的な形態、手段及び様式並
　　　びに定位及び移動のための技能の習得並びに障害者相互による支援及び助言を容
　　　易にすること。
　　(b) 手話の習得及び聾社会の言語的な同一性の促進を容易にすること。
　　(c) 盲人、聾者又は盲聾者（特に盲人、聾者又は盲聾者である児童）の教育が、
　　　その個人にとって最も適当な言語並びに意思疎通の形態及び手段で、かつ、学問
　　　的及び社会的な発達を最大にする環境において行われることを確保すること。
4　締約国は、1の権利の実現の確保を助長することを目的として、手話又は点字につ
　　いて能力を有する教員（障害のある教員を含む。）を雇用し、並びに教育に従事する
　　専門家及び職員（教育のいずれの段階において従事するかを問わない。）に対する研
　　修を行うための適当な措置をとる。この研修には、障害についての意識の向上を組
　　み入れ、また、適当な意思疎通の補助的及び代替的な形態、手段及び様式の使用
　　並びに障害者を支援するための教育技法及び教材の使用を組み入れるものとする。
5　締約国は、障害者が、差別なしに、かつ、他の者との平等を基礎として、一般的な
　　高等教育、職業訓練、成人教育及び生涯学習を享受することができることを確保する。
　　このため、締約国は、合理的配慮が障害者に提供されることを確保する。

第25条　健康
　　(c) これらの保健サービスを、障害者自身が属する地域社会（農村を含む。）の可
　　　能な限り近くにおいて提供すること。

第33条　国内における実施及び監視
1　締約国は、自国の制度に従い、この条約の実施に関連する事項を取り扱う一又は二
　　以上の中央連絡先を政府内に指定する。また、締約国は、異なる部門及び段階にお
　　ける関連のある活動を容易にするため、政府内における調整のための仕組みの設置
　　又は指定に十分な考慮を払う。
2　締約国は、自国の法律上及び行政上の制度に従い、この条約の実施を促進し、保護し、
　　及び監視するための枠組み（適当な場合には、一又は二以上の独立した仕組みを含
　　む。）を自国内において維持し、強化し、指定し、又は設置する。締約国は、このよ
　　うな仕組みを指定し、又は設置する場合には、人権の保護及び促進のための国内機
　　構の地位及び役割に関する原則を考慮に入れる。
3　市民社会（特に、障害者及び障害者を代表する団体）は、監視の過程に十分に関与し、
　　かつ、参加する。

第35条　締約国による報告
1　各締約国は、この条約に基づく義務を履行するためにとった措置及びこれらの措置に
　　よりもたらされた進歩に関する包括的な報告を、この条約が自国について効力を生じ
　　た後二年以内に国際連合事務総長を通じて委員会に提出する

障害者権利条約「インクルーシブ教育を受ける権利に関する一般的意見（general comment）第4号」
（2016年）ミニ解説

障害者権利条約の条項の趣旨を勝手に読み変えて国内で適応しようとする政府もあるから、国連の人権条約の監視機関（障害者権利委員会）が条約解釈のガイドライン（「一般的意見」）を作成してるんだ。特に、重要で解釈が難しい条項から順番に出されているよ。国際法ではないけれど、重要な国際的文書なんだ。このインクルーシブ教育についての一般的意見も難しい文書だけれど、知っておいてほしい部分を紹介しておくね。とっても参考になるよ。

　障害者権利委員会によって作成された障害者権利条約第24条（教育）の一般的意見は、他の意見と比較しても非常に詳細な解説がなされている。このような詳細な解説は、締約国がインクルーシブ教育を多様に解釈をしていることへの懸念の表れである。従って、インクルーシブ教育とは何かから始まり、合理的配慮の考え方とその提供されるべき内容、さらにそれに伴って整備されるべき教育制度について念入りな解説をしている。

【第1　一般的意見の構成】

【第2　一般的意見において注目すべき内容】

注目1　インクルーシブ教育を阻む障壁の数々（段落4参照）
インクルーシブ教育の機会を阻む障壁は、以下を含む複数の要因に起因する。
　　（1）障害に対する無理解（社会にある障壁が障害のある人を排除する）
　　（2）障害のある人を孤立化させる長期居住型施設での生活及び偏見と障害に対する
　　　　恐怖を増幅させ、放置させる障害に対する根強い差別
　　（3）障害のある生徒に対する教育費の配分の不均衡

注目2　一般教育から排除されないこと（段落 18 参照）
　　（1）通常教育制度から障害のある生徒を排除することは、禁止されなければならな
　　　　い。個人の能力の程度をインクルージョンの条件とすること、合理的配慮の提供の
　　　　義務から免れるために、過度の負担を主張することなど、機能障害またはその機能
　　　　障害の程度に基づきインクルージョンを制限する何らかの法的または規制的条項に
　　　　よる排除も含めて、禁止されるべきである。
　　（2）一般教育からの直接的な排除とは、特定の生徒を「教育不可能」として、教
　　　　育を受ける資格がないとして分類すること。
　　（3）間接的な排除は、合理的配慮や支援なしに、入学条件として共通試験への合格
　　　　という要件を課すこと。

注目3　合理的配慮の意味（段落 28 参照）
合理的であることは、以下のように理解されるべきである。
　　（1）提供される配慮に妥当性があること、及び、差別を解消することが期待できる
　　　　もので、個別の事情を加味して決定されるべきである。
　　（2）合理的配慮の提供義務は、それを求める要求が生じた瞬間から生まれる。
　　（3）合理的配慮に関わる政策は、あらゆる教育段階において取り組まれなければな
　　　　らない。
　　（4）資源不足と財政危機を理由に、インクルーシブ教育が推進できないことを正当
　　　　化することは、24 条違反である。

注目4　合理的配慮の提供義務は、即時適用される！（段落 31 参照）
　　（1）合理的配慮の拒否は差別であり、提供義務は即時に適用される。
　　（2）障害のある生徒と、その家族が、合理的配慮が適切に提供されていない、ある
　　　　いは、差別を経験したき、独立したシステムにおいて合理的配慮が確保されるよう
　　　　になされなければならない。

注目5　個別支援は、インクルーシブな環境で（段落34参照）

（1）提供されるいかなる個別支援も、インクルージョンの目標に従ったものでなければならない。

（2）障害のある生徒を隅に追いやるのではなく、同級生とともに活動に参加する機会を促進することを目的にしなければならない。

注目6　インクルーシブ教育を実現するための期限を設定し、違反に対する制裁措置を導入（段落63参照）

次のような枠組みが構築されなければならない。

（1）

①国際人権基準とのコンプライアンス。（a）

②インクルージョンの明確な定義と、すべての教育段階における具体的な目的を定めること。このことは、インクルージョンの原則と実践は、単なる追加プログラムではなく、改革に不可欠なものとみなされなければならない。(b)

③障害のある生徒と障害のない生徒とが同一の、一般的な教育制度の中でインクルーシブな学習機会を享受する権利、及び個々の学習者があらゆる段階において必要な支援サービスを享受する権利を保障すること。(d)

④人権基準に基づき、インクルージョンを実現するための合理的配慮の必要性を認識し、合理的配慮の不提供に対する制裁措置を設けること。(h)

⑤障害のある人がインクルーシブな学習環境で活躍できるようにするために、必要な、早期発見、アセスメント及び支援のための首尾一貫した枠組みを構築すること。(j)

（＊障害者権利条約「インクルーシブ教育を受ける権利に関する一般的意見第4号」の全訳は、石川ミカ・日本障害者リハビリテーション協会訳／長瀬修監修で下記に掲載されています。
http://www.dinf.ne.jp/doc/japanese/rights/rightafter/crpd_gc4_2016_inclusive_education.html）

障害者基本法

(2011年8月5日施行・一部除く)（抜粋）
（下線部分が改正されたところです。）

障害者権利条約を批准するために改正されたんだ。日本の法律で初めて、「分け隔てられることなく」「共生社会の実現」「共に教育を受ける」という文言が規定されたんだよ。

第一条　目的

　この法律は、全ての国民が、障害の有無にかかわらず、等しく基本的人権を享有するかけがえのない個人として尊重されるものであるとの理念にのつとり、全ての国民が、障害の有無によつて分け隔てられることなく、相互に人格と個性を尊重し合いながら共生する社会を実現するため、障害者の自立及び社会参加の支援等のための施策に関し、基本原則を定め、及び国、地方公共団体等の責務を明らかにするとともに、障害者の自立及び社会参加の支援等のための施策の基本となる事項を定めること等により、障害者の自立及び社会参加の支援等のための施策を総合的かつ計画的に推進することを目的とする。

第二条　定義

1　障害者　身体障害、知的障害、精神障害（発達障害を含む。）その他の心身の機能の障害（以下「障害」と総称する。）がある者であつて、障害及び社会的障壁により継続的に日常生活又は社会生活に相当な制限を受ける状態にあるものをいう。

2　社会的障壁　障害がある者にとつて日常生活又は社会生活を営む上で障壁となるような社会における事物、制度、慣行、観念その他一切のものをいう。

第三条　地域社会における共生等

　第一条に規定する社会の実現は、全ての障害者が、障害者でない者と等しく、基本的人権を享有する個人としてその尊厳が重んぜられ、その尊厳にふさわしい生活を保障される権利を有することを前提としつつ、次に掲げる事項を旨として図られなければならない。

1　全て障害者は、社会を構成する一員として社会、経済、文化その他あらゆる分野の活動に参加する機会が確保されること。

2　全て障害者は、可能な限り、どこで誰と生活するかについての選択の機会が確保され、地域社会において他の人々と共生することを妨げられないこと。

3　全て障害者は、可能な限り、言語（手話を含む。）その他の意思疎通のための手段についての選択の機会が確保されるとともに、情報の取得又は利用のための手段についての選択の機会の拡大が図られること。

第四条　差別の禁止

1　何人も、障害者に対して、障害を理由として、差別することその他の権利利益を侵害する行為をしてはならない。

2　社会的障壁の除去は、それを必要としている障害者が現に存し、かつ、その実施に伴う負担が過重でないときは、それを怠ることによつて前項の規定に違反することとならないよう、その実施について必要かつ合理的な配慮がされなければならない。

3　国は、第一項の規定に違反する行為の防止に関する啓発及び知識の普及を図るため、当該行為の防止を図るために必要となる情報の収集、整理及び提供を行うものとする。

第十四条（医療）

5　国及び地方公共団体は、医療若しくは介護の給付又はリハビリテーションの提供を行うに当たつては、障害者が、可能な限りその身近な場所においてこれらを受けられるよう必要な施策を講ずるものとするほか、その人権を十分に尊重しなければならない。

第十六条　教育

1　国及び地方公共団体は、障害者が、その年齢及び能力に応じ、かつ、その特性を踏まえた十分な教育が受けられるようにするため、可能な限り障害者である児童及び生徒が障害者でない児童及び生徒と共に教育を受けられるよう配慮しつつ、教育の内容及び方法の改善及び充実を図る等必要な施策を講じなければならない。

2　国及び地方公共団体は、前項の目的を達成するため、障害者である児童及び生徒並びにその保護者に対し十分な情報の提供を行うとともに、可能な限りその意向を尊重しなければならない。

3　国及び地方公共団体は、障害者である児童及び生徒と障害者でない児童及び生徒との交流及び共同学習を積極的に進めることによって、その相互理解を促進しなければならない。

4　国及び地方公共団体は、障害者の教育に関し、調査及び研究並びに人材の確保及び資質の向上、適切な教材等の提供、学校施設の整備その他の環境の整備を促進しなければならない。

第十七条（療育）

1　国及び地方公共団体は、障害者である子どもが可能な限りその身近な場所において療育その他これに関連する支援を受けられるよう必要な施策を講じなければならない。

第二十三条　相談等

1　国及び地方公共団体は、障害者の意思決定の支援に配慮しつつ、障害者及びその家族その他の関係者に対する相談業務、成年後見制度その他の障害者の権利利益の保護等のための施策又は制度が、適切に行われ又は広く利用されるようにしなければならない。

学校教育法施行令

(2013年9月1日施行)（抜粋）

障害者基本法が改正されたことで、就学先の決定の仕組みも変わったんだよ。それまでの二十二条の3に該当する障害の子は原則分離するシステムから、個別に総合的判断することになったんだ。保護者の意見も聞いて、可能な限り尊重しなければならないと言うけど、最終的に決めるのは教育委員会となっていて、原則分離ではないけれど、残念ながら原則統合のインクルーシブ教育でもないんだよ。

第五条

市町村の教育委員会は、就学予定者（中略）のうち、認定特別支援学校就学者（視覚障害者、聴覚障害者、知的障害者、肢体不自由者又は病弱者（身体虚弱を含む。）で、その障害が、第二十二条の3の表に規定する程度の者（以下、「視覚障害者等」という。）のうち、当該市町村の教育委員会が、その者の障害の状況、その者の教育上必要な支援の内容、地域における教育体制の整備の状況その他の事情を勘案して、その住所の存する都道府県の設置する特別支援学校に就学させることが適当であると認める者をいう。以下同じ。）以外の者について、その保護者に対し、翌学年の初めから2月前までに、小学校又は中学校の入学期日を通知しなければならない。

第十八条の2

市町村の教育委員会は、児童生徒等のうち視覚障害者等について、（中略）第五条（中略）の通知をしようとするときは、その保護者及び教育学、医学、心理学その他の障害のある児童生徒等の就学に関する専門的知識を有する者の意見を聴くものとする。

学校教育法施行令の一部改正ついて（通知）　25文科初第655号平成25年9月1日（抜粋）
第3　留意事項

1　（前略）学校教育法施行令第十八条2に基づく意見の聴取は、市町村の教育委員会において、当該視覚障害者等が認定特別支援学校就学者に当たるかどうかを判断する前に十分な時間的余裕をもって行うものとし、保護者の意見については、可能な限りその意見を尊重しなければならないこと。

障害を理由とする差別の解消の推進に関する法律

(2016年4月1日施行)（抜粋）

障害者権利条約批准に絶対必要な「差別禁止」を盛り込むために、新たにつくられた法律だよ。障害を理由とする差別の禁止と、差別を解消するために国や自治体には合理的配慮が義務付けられているんだ。民間の事業者は努力義務だけれど、だからといって、私立の保育園や学校が何もやらなくてもいいってことじゃないよ。
法律には細かい規定がないので、各省庁が出しているガイドラインに沿って何が差別で、どういう場合が合理的配慮を提供する際の「過重な負担」か判断することになるんだ。

第一章　総則
第一条（目的）
　この法律は、障害者基本法の基本的な理念にのっとり、全ての障害者が、障害者でない者と等しく、基本的人権を享有する個人としてその尊厳が重んぜられ、その尊厳にふさわしい生活を保障される権利を有することを踏まえ、障害を理由とする差別の解消の推進に関する基本的な事項、行政機関等及び事業者における障害を理由とする差別を解消するための措置等を定めることにより、障害を理由とする差別の解消を推進し、もって全ての国民が、障害の有無によって分け隔てられることなく、相互に人格と個性を尊重し合いながら共生する社会の実現に資することを目的とする。

第二章　障害を理由とする差別の解消の推進に関する基本方針
第六条　政府は、障害を理由とする差別の解消の推進に関する施策を総合的かつ一体的に実施するため、障害を理由とする差別の解消の推進に関する基本方針を定めなければならない。（中略）
4　内閣総理大臣は、基本方針の案を作成しようとするときは、あらかじめ、障害者その他の関係者の意見を反映させるために必要な措置を講ずるとともに、障害者政策委員会の意見を聴かなければならない。（後略）

第三章　行政機関等及び事業者における障害を理由とする差別を解消するための措置
第七条（行政機関等における障害を理由とする差別の禁止）
　行政機関等は、その事務又は事業を行うに当たり、障害を理由として障害者でない者と不当な差別的取扱いをすることにより、障害者の権利利益を侵害してはならない。
2　行政機関等は、その事務又は事業を行うに当たり、障害者から現に社会的障壁の除去を必要としている旨の意思の表明があった場合において、その実施に伴う負担が過重でないときは、障害者の権利利益を侵害することとならないよう、当該障害者の性別、年齢及び障害の状態に応じて、社会的障壁の除去の実施について必要かつ合理的な配慮をしなければならない。

第八条（事業者における障害を理由とする差別の禁止）

事業者は、その事業を行うに当たり、障害を理由として障害者でない者と不当な差別的取扱いをすることにより、障害者の権利利益を侵害してはならない。

2　事業者は、その事業を行うに当たり、障害者から現に社会的障壁の除去を必要としている旨の意思の表明があった場合において、その実施に伴う負担が過重でないときは、障害者の権利利益を侵害することとならないよう、当該障害者の性別、年齢及び障害の状態に応じて、社会的障壁の除去の実施について必要かつ合理的な配慮をするように努めなければならない。（後略）

第十条　（地方公共団体等職員対応要領）

地方公共団体の機関及び地方独立行政法人は、基本方針に即して、第七条に規定する事項に関し、当該地方公共団体の機関及び地方独立行政法人の職員が適切に対応するために必要な要領を定めるよう努めるものとする。

2　地方公共団体の機関及び地方独立行政法人は、地方公共団体等職員対応要領を定めようとするときは、あらかじめ、障害者その他の関係者の意見を反映させるために必要な措置を講ずるよう努めなければならない。（後略）

第四章　障害を理由とする差別を解消するための支援措置
第十四条　（相談及び紛争の防止等のための体制の整備）

国及び地方公共団体は、障害者及びその家族その他の関係者からの障害を理由とする差別に関する相談に的確に応ずるとともに、障害を理由とする差別に関する紛争の防止又は解決を図ることができるよう必要な体制の整備を図るものとする。（後略）

第十七条（障害者差別解消支援地域協議会）

国及び地方公共団体の機関であって、医療、介護、教育その他の障害者の自立と社会参加に関連する分野の事務に従事するもの（以下この項及び次条第2項において「関係機関」という。）は、当該地方公共団体の区域において関係機関が行う障害を理由とする差別に関する相談及び当該相談に係る事例を踏まえた障害を理由とする差別を解消するための取組を効果的かつ円滑に行うため、関係機関により構成される障害者差別解消支援地域協議会（以下「協議会」という。）を組織することができる。（後略）

【障害を理由とする差別の解消の推進に関する法律の付帯決議（参議院）（抜粋）】

四　合理的配慮に関する過重な負担の判断においては、その水準が本法の趣旨を不当にゆがめることのない合理的な範囲で設定されるべきであることを念頭に、事業者の事業規模、事業規模から見た負担の程度、事業者の財政状況、業務遂行に及ぼす影響等を総合的に考慮することとし、中小零細企業への影響に配慮すること。また、意思の表明について、障害者本人が自ら意思を表明することが困難な場合にはその家族等が本人を補佐して行うことも可能であることを周知すること。

九　附則第七条に規定する検討に資するため、障害を理由とする差別に関する具体的な相談事例や裁判例の集積等を図ること。また、同条の検討に際しては、民間事業者における合理的配慮の義務付けの在り方、実効性の確保の仕組み、救済の仕組み等について留意すること。本法の施行後、特に必要性が生じた場合には、施行後三年を待つことなく、本法の施行状況について検討を行い、できるだけ早期に見直しを検討すること。

おわりに

　共に学ぶために、各教科の授業や行事、クラスづくり、学校生活全体のなかで工夫されてきた実践を「合理的配慮」の視点で見直してみた事例集、いかがでしたでしょうか。

　「なんだ、合理的配慮ってこんなことだったのか。それなら自分もやっているよ」「こんなふうにすれば、一緒にできるんだ！　やってみようかな」と、思っていただけたら幸いです。また、「これが合理的配慮と言えるのか？」等のご意見・ご批判もあるかと思います。是非、インクルDBにお届けください。

　資料で紹介していますが、世界の潮流はインクルーシブ教育です。合理的配慮はその中から生まれたものです。日本でもそのために法律が改正されたり、新しく制定されました。しかし、本書の編集作業が進みだした頃、「特別支援学校の教室が不足している」という新聞記事を目にしました。学校では、インクルーシブとは逆行の分離が進んでいるというのです。不足しているのは、合理的配慮とその取組みを可能にする学校の在り方ではないでしょうか？

　本書は、そんな厳しい状況の中でも、子どもと向き合い、障害によって子どもたちを分けない取組みを続けている教員・元教員たちの実践を紹介しています。それぞれのエネルギーが伝わり、読者の皆さんを元気づけることができたのではないでしょうか。

　最後になりましたが、お忙しいなか、私たちの聞き取りに応じてくださった方々、手弁当で東京の会議に参加し報告してくださった方々、事務局の要請で研究会を開催し聞き取りを可能にしてくださった方々、編集会議に参加し、原稿の検討をしてくださった方々、皆さまのご協力により、多くの取組みを紹介することができました。お礼申し上げます。ありがとうございました。

　これからも、皆さまとそして読者の方々と共に、インクルーシブ教育に取り組んでいきたいと思います。

2017 年 11 月

インクルーシブ教育データバンク事務局

■インクルーシブ教育データバンク（インクルDB）

〒101-0041　東京都千代田区神田須田町1丁目6番地　弓矢四国ビル4階
アリエ法律事務所内（大谷恭子）
FAX：03-6869-3231
E-mail：inclu.edu.db@gmail.com
（事務局：大谷恭子・名谷和子・南舘こずえ・小林律子）

■編集協力者：新居大作・真理・優太郎（大阪府）／片岡次雄（大阪府）
　　　　　　片桐健司（東京都）／北田賢行（兵庫県）／佐谷　修（東京都）
　　　　　　佐藤 豊（兵庫県）／澤田孝幸（兵庫県）／進藤昌浩（兵庫県）
　　　　　　鈴木良之介（神奈川県）／関澤久子・彪冴（石川県）／関山域子（大阪府）
　　　　　　田窪博樹（奈良県）／中尾　亘（奈良県）／藤原千佳（大阪府）
　　　　　　細木英昭（石川県）／松井直哉（大阪府）／松森俊尚（大阪府）
　　　　　　水野佐知子（神奈川県）／宮澤弘道（東京都）／守本明範（兵庫県）
　　　　　　矢定辰大（神奈川県）／大和俊広（神奈川県）／吉田詩惟（岩手県）

つまり、「合理的配慮（ごうりてきはいりょ）」って、こういうこと?!
――共に学ぶための実践事例集

2017年11月30日　第1版第1刷発行

編　者　インクルーシブ教育データバンク
発行者　菊地泰博
発行所　株式会社　現代書館
　　　　〒102-0072　東京都千代田区飯田橋3-2-5
　　　　tel：03-3221-1321　fax：03-3262-5906　振替　00120-3-83725
　　　　URL：http://www.gendaishokan.co.jp/
印刷所　平河工業社（本文）／東光印刷所（表紙・帯）
製本所　鶴亀製本
装幀・組版　上田もとよ
イラスト　佐藤由希

校正協力　渡邉潤子
©2017 Inclusive Education Databank Printed in Japan ISBN978-4-7684-3560-1
定価は表紙に表示してあります。乱丁・落丁本はお取りかえいたします。

現代書館

北村小夜………著

一緒がいいならなぜ分けた ── 特殊学級の中から

「よりよい、手厚い教育」をと期待を抱いて始めた特殊学級担任。しかし、そこで子どもたちに言われた言葉は「先生も落第してきたの?」だった。以来二十余年、分けられた子どもたちの無念と憤りを共に闘ってきた著者と子どもたちの記録。　　　　　　　　　　　　　　**1500 円＋税**

松森俊尚………著

けっこう面白い授業をつくるための本 ── 状況をつくりだす子どもたち

学校教育に対する公権力の締め付け、それに乗じたと思われる過度の親からの干渉等により、自信を失い教育に情熱を感じられなくなった教師が増えている。そのような教師が自信を持って教育現場で子どもたちと社会をつくるための授業実践の本。　　　　　　　　　　**2000 円＋税**

平本　歩………著

バクバクっ子の在宅記 ── 人工呼吸器をつけて保育園から自立生活へ

難病で、幼少時から人工呼吸器をつけた子（バクバクっ子）の在宅生活の草分けとして、保育園・小・中・高校（普通学校）で学び、親許を離れて介助者との自立生活の道をすべて切り開いてきた著者の半生記。バクバクとは、手動式人工呼吸器（アンビューバッグ）の通称。　　　　　　　**1600 円＋税**

二見妙子………著

インクルーシブ教育の源流 ── 1970 年代の豊中市における原学級保障運動

障害の有無にかかわらず地域の幼保育園・学校で共に育ち学ぶ機会の保障をしてきた豊中の二重籍（障害児学級に在籍しながら、全時間普通学級で過ごし、障害児学級担任も普通学級に副担として入る）の取組みを障害学の視点から分析。特別支援教育全盛の現在における意味を考える。　　**2000 円＋税**

柴田靖子………著

ビバ！ インクルージョン ── 私が療育・特別支援教育の伝道師にならなかったワケ

同じ水頭症の障害をもって生まれながら、療育→特別支援教育の"障害児専用コース"を突き進んだ長女と、ゼロ歳から保育園、校区の小・中学校で"普通に"学ぶ長男。2 種類の"義務教育"を保護者として経験して辿りついた結論は、分けないインクルージョン。　　　　　**1800 円＋税**

北村小夜………著

能力主義と教育基本法「改正」── 非才、無才、そして障害者の立場から考える

百人に一人のエリート養成のための能力主義教育、戦争できる「ふつうの国」づくりのための愛国主義教育は誰のための教育「改革」なのか。「お国のために役立たない」と普通教育から排除された障害児者の側から「改革」の本質を糾す。　　　　　　　　　　　　**2200 円＋税**

徳田　茂………編著

特別支援教育を超えて ── 「個別支援」でなく、生き合う教育を

子どもの障害をありのままに受容し、地域の関わり合いの中で共に育ち合う関係を目指し、活動を続けた金沢の通所療育施設での障害をもつ子と親の記録。分けた上での特別支援教育が流行るなか、なぜ、共生・共育が大切なのかを再確認する。　　　　　　　　　　　　**1600 円＋税**

堀　正嗣………監訳

ディスアビリティ現象の教育学 ── イギリス障害学からのアプローチ

イギリス障害学会の雑誌『障害と社会』掲載の教育関係の論文 10 本を翻訳紹介。障害児に対する排除や不利益をもたらすディスアビリティ（社会的抑圧）構造を解明・克服し、インクルーシブ教育の意義を示唆。日本の特別支援教育との違いは明らか。　　　　　　　　　**4000 円＋税**

定価は 2017 年 11 月 1 日現在のものです。